해법 기초계산 G5

1. 4주 완성의 계획적인 수학 학습!

2. 시간 내 푸는 연습을 통한 실전 감각 향상!

3. 다양한 구성의 문제로 사고력 향상!

계산력이 왜 중요한가?

계산력은 수학의 뿌리!
계산력 없이 수학은 생각할 수 없지.
수학은 계통성의 학문이라고 해.
역연산으로 인해 덧셈이 뺄셈의 기초가 되고,
곱셈이 확립되어야
나눗셈이 가능해지기 때문이지.
따라서 수학의 근간인 기초 계산력을
완벽하게 다져 주는 것이야말로
수학 만점으로 가는 첫걸음이지.

구성과 특징

개념 만화

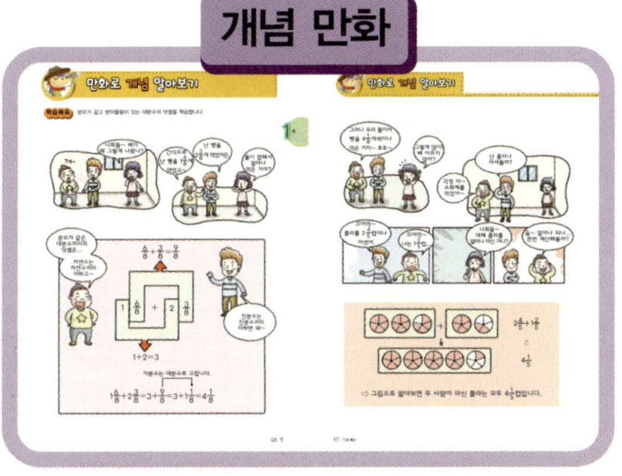

만화를 통한 원리 깨치기

만화를 통한 계산 원리와 개념을
이해할 수 있습니다.

1단계

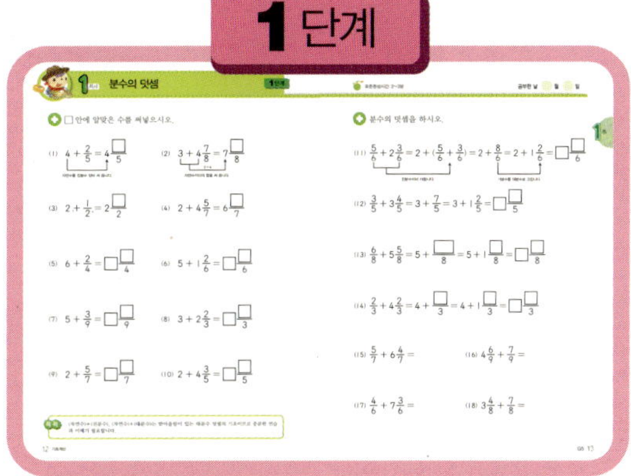

집중 연습으로 계산력 다지기

집중 연습 문제로 기초 계산력을
완벽하게 다질 수 있습니다.

2단계

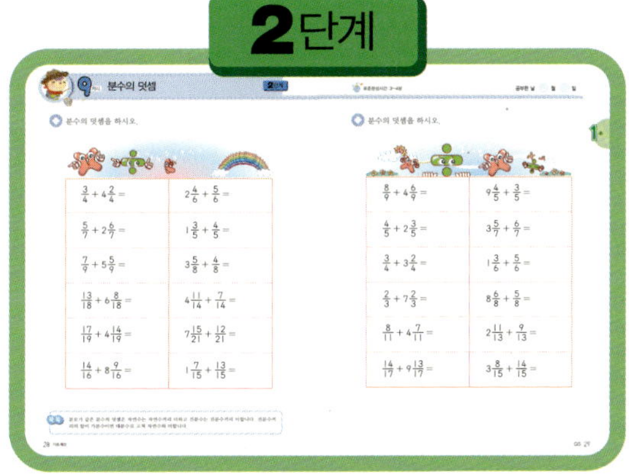

퍼즐형 문제로 정확성 기르기

흥미로운 퍼즐형 문제로 이루어져
집중력과 정확성까지 기를 수 있습니다.

3단계

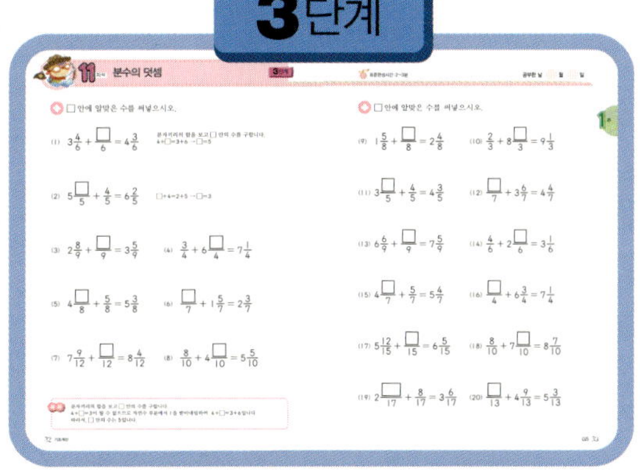

다양한 문제로 사고력 키우기

다양한 문제를 통해 수학적 사고력과
문제 해결력을 높일 수 있습니다.

권	주	D단계 (초1)	E단계 (초2)	F단계 (초3)	G단계 (초4)
1권	1	더하기 1, 2, 3	받아올림이 있는 (두 자리 수)+(한 자리 수)	(세 자리 수)+(세 자리 수) ①	100, 1000, 10000, 몇백, 몇천 곱하기
	2	합이 5까지인 덧셈	받아내림이 있는 (두 자리 수)−(한 자리 수)	(세 자리 수)+(세 자리 수) ②	(세 자리 수)×(두 자리 수)
	3	합이 9까지인 덧셈	세 수의 덧셈	(세 자리 수)−(세 자리 수) ①	(네 자리 수)×(두 자리 수)
	4	받아올림이 없는 (한 자리 수)+(한 자리 수)	세 수의 뺄셈	(세 자리 수)−(세 자리 수) ②	(세 자리 수)×(세 자리 수)
2권	1	빼기 1, 2, 3	일의 자리에서 받아올림이 있는 (두 자리 수)+(두 자리 수)	2, 3, 4, 5의 단 곱셈구구를 이용한 나눗셈	(세 자리 수)÷(한 자리 수)
	2	5까지의 뺄셈	십의 자리에서 받아올림이 있는 (두 자리 수)+(두 자리 수)	6, 7, 8, 9의 단 곱셈구구를 이용한 나눗셈	(두·세 자리 수)÷(몇십)
	3	9까지의 뺄셈	일, 십의 자리에서 받아올림이 있는 (두 자리 수)+(두 자리 수)	곱셈구구를 이용한 나눗셈 ①	(두·세 자리 수)÷(두 자리 수)
	4	(한 자리 수)−(한 자리 수)	받아올림이 있는 (두 자리 수)+(두 자리 수)	곱셈구구를 이용한 나눗셈 ②	(세·네 자리 수)÷(두 자리 수)
3권	1	10이 되는 더하기	받아내림이 있는 (두 자리 수)−(두 자리 수) ①	(두 자리 수)×(한 자리 수) ①	덧셈과 뺄셈의 혼합 계산
	2	10에서 빼기	받아내림이 있는 (두 자리 수)−(두 자리 수) ②	(두 자리 수)×(한 자리 수) ②	곱셈과 나눗셈의 혼합 계산
	3	세 수의 계산 ①	세 수의 계산 ①	(두 자리 수)×(한 자리 수) ③	혼합 계산 1
	4	세 수의 계산 ②	세 수의 계산 ②	(두 자리 수)×(한 자리 수) ④	혼합 계산 2
4권	1	받아올림이 없는 (두 자리 수)+(한 자리 수)	2, 3, 4, 5의 단 곱셈구구	(네 자리 수)+(세 자리 수)	분수의 이해 1
	2	받아올림이 없는 (두 자리 수)+(두 자리 수)	6, 7, 8, 9의 단 곱셈구구	(네 자리 수)+(네 자리 수)	분수의 이해 2
	3	받아내림이 없는 (두 자리 수)−(한 자리 수)	곱셈구구 ①	(네 자리 수)−(세 자리 수)	분수의 이해 3
	4	받아내림이 없는 (두 자리 수)−(두 자리 수)	곱셈구구 ②	(네 자리 수)−(네 자리 수)	분수의 덧셈
5권	1	두 수의 합이 10이 되는 세 수의 덧셈	받아올림이 없는 (세 자리 수)+(세 자리 수)	(세 자리 수)×(한 자리 수)	분수의 덧셈
	2	(한 자리 수)+(한 자리 수) ①	일의 자리에서 받아올림이 있는 (세 자리 수)+(세 자리 수)	(한 자리 수)×(두 자리 수)	분수의 뺄셈 1
	3	(한 자리 수)+(한 자리 수) ②	십의 자리에서 받아올림이 있는 (세 자리 수)+(세 자리 수)	(두 자리 수)×(두 자리 수) ①	분수의 뺄셈 2
	4	(한 자리 수)+(한 자리 수)의 종합	일, 십의 자리에서 받아올림이 있는 (세 자리 수)+(세 자리 수)	(두 자리 수)×(두 자리 수) ②	세 분수의 덧셈과 뺄셈
6권	1	(십 몇)−(한 자리 수) ①	받아내림이 없는 (세 자리 수)−(세 자리 수)	(두 자리 수)÷(한 자리 수) ①	소수 한 자리 수의 덧셈
	2	(십 몇)−(한 자리 수) ②	십의 자리에서 받아내림이 있는 (세 자리 수)−(세 자리 수)	(두 자리 수)÷(한 자리 수) ②	소수 두·세 자리 수의 덧셈
	3	세 수의 덧셈	백의 자리에서 받아내림이 있는 (세 자리 수)−(세 자리 수)	(두 자리 수)÷(한 자리 수) ③	소수 한 자리 수의 뺄셈
	4	세 수의 뺄셈	십, 백의 자리에서 받아내림이 있는 (세 자리 수)−(세 자리 수)	(두 자리 수)÷(한 자리 수) ④	소수 두·세 자리 수의 뺄셈

활용 가이드

Q

아이 수준을 몰라서
어느 단계의 교재를
선택하면 될지 모르겠어요.

A

한 페이지에서
틀린 문제가 6문제 이상이면
이전 단계의
교재부터 시작하세요.

계산 실수를 자주 해요.

정해진 시간 안에 푸는
연습으로 실전 감각을
키우세요.

시험 시간이 부족해요.

매일매일 공부하는
습관으로
정확성을 키우세요.

공부 계획을
스스로 세우기 힘들어요.

스케줄표를 이용해
계획을 세워
2주, 4주 완성에 도전하세요.

4주 완성 스케줄표

1주	1일	2일	3일	4일	5일	6일
확인	12~15쪽	16~19쪽	20~23쪽	24~27쪽	28~31쪽	32~35쪽

2주	7일	8일	9일	10일	11일	12일
확인	40~43쪽	44~47쪽	48~51쪽	52~55쪽	56~59쪽	60~63쪽

3주	13일	14일	15일	16일	17일	18일
확인	68~71쪽	72~75쪽	76~79쪽	80~83쪽	84~87쪽	88~91쪽

4주	19일	20일	21일	22일	23일	24일
확인	96~99쪽	100~103쪽	104~107쪽	108~111쪽	112~115쪽	116~119쪽

※ 매일 4장(4차시)씩 풀면 12일 만에 완성할 수 있습니다.

 **1주**

분수의 덧셈

학습 체크표 매일 학습이 끝나면 채점을 하고 체크표를 작성하여 나의 실력을 알아보세요.

차시	단계	공부한 날		잘 했나요?			
1차시		월	일	☺	☺	😐	😖
2차시		월	일	☺	☺	😐	😖
3차시		월	일	☺	☺	😐	😖
4차시	1단계	월	일	☺	☺	😐	😖
5차시		월	일	☺	☺	😐	😖
6차시		월	일	☺	☺	😐	😖
7차시		월	일	☺	☺	😐	😖
8차시		월	일	☺	☺	😐	😖
9차시	2단계	월	일	☺	☺	😐	😖
10차시		월	일	☺	☺	😐	😖
11차시	3단계	월	일	☺	☺	😐	😖
12차시		월	일	☺	☺	😐	😖

틀린 개수가

0~1 개이면 ☺ (아주 잘함)에, 2~3 개이면 ☺ (잘함)에,

4~5 개이면 😐 (보통)에, 6개 이상이면 😖 (노력 바람)에 색칠해 주세요.

만화로 개념 알아보기

분모가 같고 받아올림이 있는 대분수의 덧셈을 학습합니다.

1주

$$\frac{6}{8}+\frac{3}{8}=\frac{9}{8}$$

$$1\quad\frac{6}{8}\quad+\quad2\quad\frac{3}{8}$$

$$1+2=3$$

가분수는 대분수로 고칩니다.

$$1\frac{6}{8}+2\frac{3}{8}=3+\frac{9}{8}=3+1\frac{1}{8}=4\frac{1}{8}$$

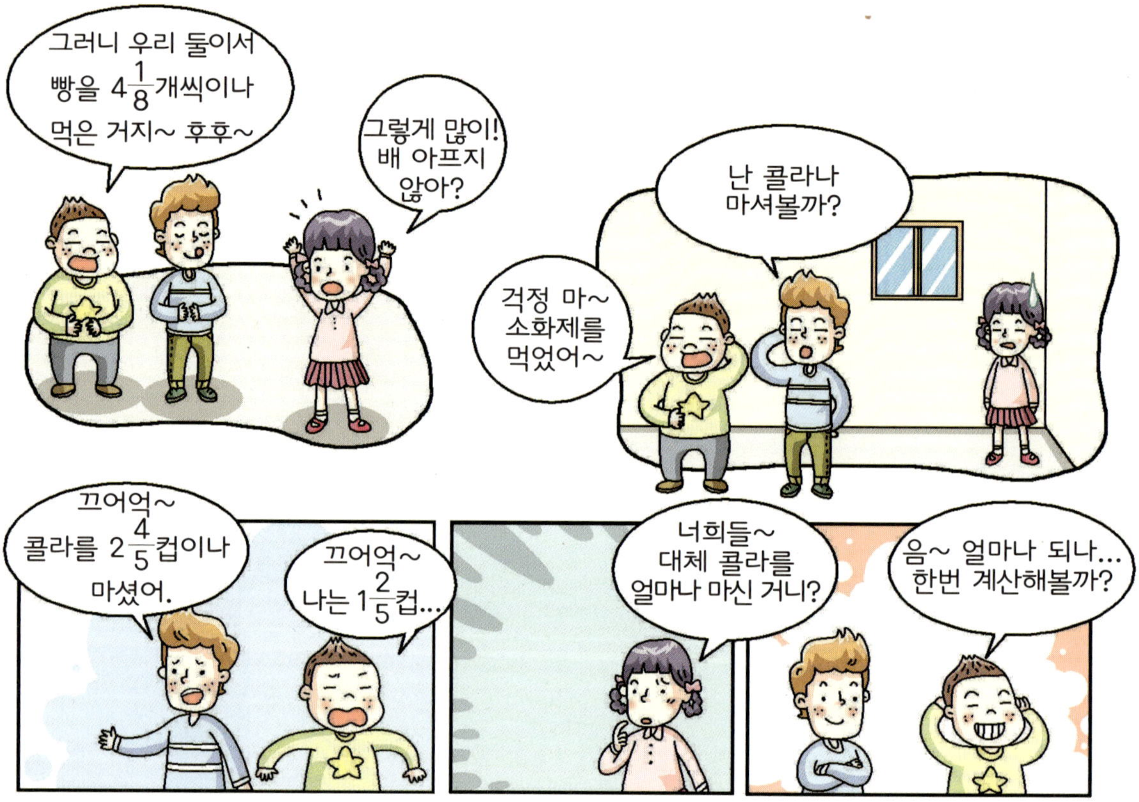

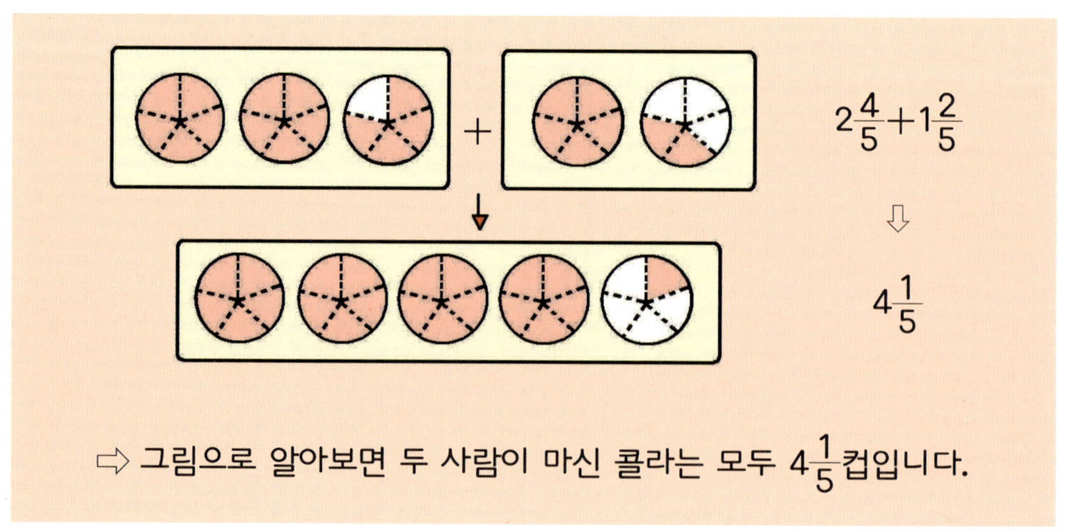

$$2\frac{4}{5}+1\frac{2}{5}$$

$$\Downarrow$$

$$4\frac{1}{5}$$

⇨ 그림으로 알아보면 두 사람이 마신 콜라는 모두 $4\frac{1}{5}$컵입니다.

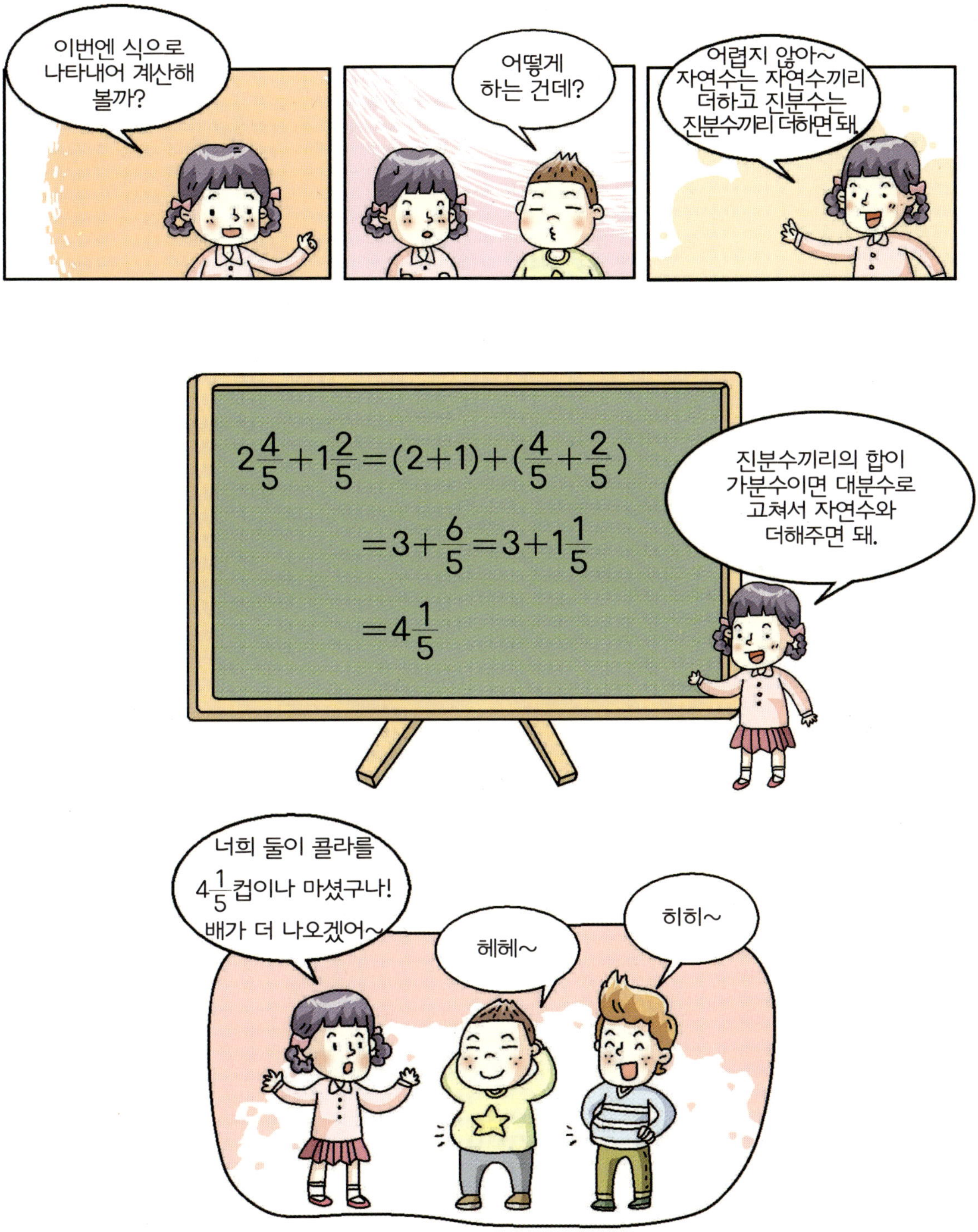

$$2\frac{4}{5}+1\frac{2}{5}=(2+1)+\left(\frac{4}{5}+\frac{2}{5}\right)$$

$$=3+\frac{6}{5}=3+1\frac{1}{5}$$

$$=4\frac{1}{5}$$

○ □ 안에 알맞은 수를 써넣으시오.

(1) $4 + \dfrac{2}{5} = 4\dfrac{\square}{5}$

자연수를 진분수 앞에 써 줍니다.

(2) $3 + 4\dfrac{7}{8} = 7\dfrac{\square}{8}$

$3+4$

자연수끼리의 합을 써 줍니다.

(3) $2 + \dfrac{1}{2} = 2\dfrac{\square}{2}$

(4) $2 + 4\dfrac{5}{7} = 6\dfrac{\square}{7}$

(5) $6 + \dfrac{2}{4} = \square\dfrac{\square}{4}$

(6) $5 + 1\dfrac{2}{6} = \square\dfrac{\square}{6}$

(7) $5 + \dfrac{3}{9} = \square\dfrac{\square}{9}$

(8) $3 + 2\dfrac{2}{3} = \square\dfrac{\square}{3}$

(9) $2 + \dfrac{5}{7} = \square\dfrac{\square}{7}$

(10) $2 + 4\dfrac{3}{5} = \square\dfrac{\square}{5}$

꼭꼭 (자연수)＋(진분수), (자연수)＋(대분수)는 받아올림이 있는 대분수 덧셈의 기초이므로 충분한 연습과 이해가 필요합니다.

 분수의 덧셈을 하시오.

(11) $\dfrac{5}{6} + 2\dfrac{3}{6} = 2 + \left(\dfrac{5}{6} + \dfrac{3}{6}\right) = 2 + \dfrac{8}{6} = 2 + 1\dfrac{2}{6} = \square\dfrac{\square}{6}$

진분수끼리 더합니다.   가분수를 대분수로 고칩니다.

(12) $\dfrac{3}{5} + 3\dfrac{4}{5} = 3 + \dfrac{7}{5} = 3 + 1\dfrac{2}{5} = \square\dfrac{\square}{5}$

(13) $\dfrac{6}{8} + 5\dfrac{5}{8} = 5 + \dfrac{\square}{8} = 5 + 1\dfrac{\square}{8} = \square\dfrac{\square}{8}$

(14) $\dfrac{2}{3} + 4\dfrac{2}{3} = 4 + \dfrac{\square}{3} = 4 + 1\dfrac{\square}{3} = \square\dfrac{\square}{3}$

(15) $\dfrac{5}{7} + 6\dfrac{4}{7} =$ (16) $4\dfrac{6}{9} + \dfrac{7}{9} =$

(17) $\dfrac{4}{6} + 7\dfrac{3}{6} =$ (18) $3\dfrac{4}{8} + \dfrac{7}{8} =$

분수의 덧셈을 하시오.

(1) $\dfrac{5}{7} + 3\dfrac{4}{7} = \boxed{}\dfrac{\boxed{}}{7}$

(2) $4\dfrac{5}{6} + \dfrac{3}{6} = \boxed{}\dfrac{\boxed{}}{6}$

(3) $\dfrac{8}{9} + 1\dfrac{4}{9} =$

(4) $4\dfrac{3}{4} + \dfrac{2}{4} =$

(5) $\dfrac{3}{5} + 2\dfrac{4}{5} =$

(6) $3\dfrac{6}{8} + \dfrac{5}{8} =$

(7) $\dfrac{4}{6} + 3\dfrac{5}{6} =$

(8) $4\dfrac{5}{7} + \dfrac{6}{7} =$

(9) $\dfrac{12}{16} + 2\dfrac{9}{16} =$

(10) $8\dfrac{8}{13} + \dfrac{9}{13} =$

(11) $\dfrac{8}{14} + 5\dfrac{9}{14} =$

(12) $7\dfrac{15}{18} + \dfrac{13}{18} =$

✚ 분수의 덧셈을 하시오.

(13) $\dfrac{4}{6} + 5\dfrac{5}{6} =$

(14) $3\dfrac{2}{4} + \dfrac{3}{4} =$

(15) $\dfrac{4}{7} + 2\dfrac{5}{7} =$

(16) $5\dfrac{2}{3} + \dfrac{2}{3} =$

(17) $\dfrac{5}{8} + 6\dfrac{4}{8} =$

(18) $4\dfrac{7}{9} + \dfrac{5}{9} =$

(19) $\dfrac{4}{5} + 7\dfrac{3}{5} =$

(20) $6\dfrac{4}{8} + \dfrac{7}{8} =$

(21) $\dfrac{9}{20} + 5\dfrac{17}{20} =$

(22) $8\dfrac{18}{24} + \dfrac{7}{24} =$

(23) $\dfrac{15}{21} + 3\dfrac{13}{21} =$

(24) $3\dfrac{17}{25} + \dfrac{16}{25} =$

✿ □ 안에 알맞은 수를 써넣으시오.

(1) $1\dfrac{3}{4} + 2\dfrac{2}{4} = (1+2) + \left(\dfrac{3}{4} + \dfrac{2}{4}\right)$

자연수는 자연수끼리 더하고, 진분수는 진분수끼리 더합니다.

$= 3 + \dfrac{5}{4} = 3 + 1\dfrac{1}{4} = \boxed{}\dfrac{\boxed{}}{4}$

가분수는 대분수로 고칩니다.

(2) $3\dfrac{5}{7} + 1\dfrac{4}{7} = 4 + \dfrac{9}{7} = 4 + 1\dfrac{2}{7} = \boxed{}\dfrac{\boxed{}}{7}$

(3) $4\dfrac{3}{5} + 3\dfrac{4}{5} = \boxed{} + \dfrac{7}{5} = \boxed{} + 1\dfrac{2}{5} = \boxed{}\dfrac{\boxed{}}{5}$

(4) $2\dfrac{6}{9} + 4\dfrac{8}{9} = \boxed{} + \dfrac{\boxed{}}{9} = \boxed{} + 1\dfrac{\boxed{}}{9} = \boxed{}\dfrac{\boxed{}}{9}$

(5) $5\dfrac{5}{8} + 2\dfrac{6}{8} = \boxed{} + \dfrac{\boxed{}}{8} = \boxed{} + 1\dfrac{\boxed{}}{8} = \boxed{}\dfrac{\boxed{}}{8}$

분모가 같은 대분수의 덧셈은 자연수는 자연수끼리 더하고, 진분수는 진분수끼리 더합니다.
진분수끼리의 합이 가분수이면 대분수로 고쳐 자연수와 더합니다.

 분수의 덧셈을 하시오.

(6) $2\dfrac{3}{5} + 4\dfrac{4}{5} = \boxed{}\dfrac{\boxed{}}{5}$

(7) $1\dfrac{5}{8} + 4\dfrac{6}{8} = \boxed{}\dfrac{\boxed{}}{8}$

(8) $1\dfrac{3}{6} + 1\dfrac{4}{6} =$

(9) $3\dfrac{2}{4} + 2\dfrac{3}{4} =$

(10) $5\dfrac{4}{7} + 2\dfrac{5}{7} =$

(11) $3\dfrac{4}{6} + 5\dfrac{3}{6} =$

(12) $2\dfrac{5}{8} + 2\dfrac{7}{8} =$

(13) $3\dfrac{8}{9} + 3\dfrac{6}{9} =$

(14) $4\dfrac{6}{10} + 2\dfrac{8}{10} =$

(15) $1\dfrac{8}{11} + 5\dfrac{9}{11} =$

(16) $3\dfrac{12}{14} + 2\dfrac{5}{14} =$

(17) $4\dfrac{8}{12} + 3\dfrac{9}{12} =$

분수의 덧셈

➕ 분수의 덧셈을 하시오.

(1) $1\frac{6}{7} + 5\frac{5}{7} = \boxed{} + \frac{11}{7} = \boxed{} + 1\frac{4}{7} = \boxed{}\frac{\boxed{}}{7}$

(2) $2\frac{4}{8} + 2\frac{7}{8} = \boxed{} + \frac{11}{8} = \boxed{} + 1\frac{3}{8} = \boxed{}\frac{\boxed{}}{8}$

(3) $1\frac{5}{6} + 2\frac{3}{6} =$

(4) $2\frac{7}{9} + 5\frac{6}{9} =$

(5) $4\frac{11}{13} + 4\frac{12}{13} =$

(6) $1\frac{13}{19} + 6\frac{16}{19} =$

(7) $2\frac{15}{18} + 4\frac{9}{18} =$

(8) $4\frac{7}{15} + 1\frac{12}{15} =$

(9) $3\frac{11}{16} + 3\frac{14}{16} =$

(10) $1\frac{14}{20} + 5\frac{15}{20} =$

 분수의 덧셈을 하시오.

(11) $2\dfrac{7}{9} + 3\dfrac{6}{9} =$

(12) $5\dfrac{4}{6} + 2\dfrac{4}{6} =$

(13) $4\dfrac{7}{8} + 4\dfrac{5}{8} =$

(14) $2\dfrac{6}{9} + 6\dfrac{7}{9} =$

(15) $1\dfrac{3}{5} + 1\dfrac{3}{5} =$

(16) $2\dfrac{4}{7} + 2\dfrac{5}{7} =$

(17) $3\dfrac{13}{20} + 5\dfrac{12}{20} =$

(18) $1\dfrac{20}{25} + 7\dfrac{17}{25} =$

(19) $4\dfrac{19}{21} + 2\dfrac{7}{21} =$

(20) $2\dfrac{14}{17} + 3\dfrac{13}{17} =$

(21) $3\dfrac{9}{28} + 2\dfrac{20}{28} =$

(22) $5\dfrac{16}{23} + 2\dfrac{15}{23} =$

5 차시 분수의 덧셈

□ 안에 알맞은 수를 써넣으시오.

(1) $3\dfrac{4}{6} + 4\dfrac{5}{6} = \boxed{} + \dfrac{9}{6} = \boxed{} + 1\dfrac{3}{6} = \boxed{}\dfrac{\boxed{}}{6}$

(2) $5\dfrac{6}{9} + 2\dfrac{7}{9} = \boxed{} + \dfrac{13}{9} = \boxed{} + 1\dfrac{4}{9} = \boxed{}\dfrac{\boxed{}}{9}$

(3) $6\dfrac{2}{3} + 2\dfrac{2}{3} = \boxed{}\dfrac{\boxed{}}{\boxed{}}$

(4) $2\dfrac{3}{4} + 3\dfrac{2}{4} = \boxed{}\dfrac{\boxed{}}{\boxed{}}$

(5) $4\dfrac{4}{5} + 2\dfrac{3}{5} = \boxed{}\dfrac{\boxed{}}{\boxed{}}$

(6) $3\dfrac{6}{8} + 4\dfrac{4}{8} = \boxed{}\dfrac{\boxed{}}{\boxed{}}$

(7) $1\dfrac{7}{12} + 4\dfrac{9}{12} = \boxed{}\dfrac{\boxed{}}{\boxed{}}$

(8) $3\dfrac{11}{16} + 2\dfrac{7}{16} = \boxed{}\dfrac{\boxed{}}{\boxed{}}$

꼭꼭 분모가 같은 대분수의 덧셈은 자연수는 자연수끼리 더하고, 진분수는 진분수끼리 더합니다. 진분수끼리의 합이 가분수이면 대분수로 고쳐 자연수와 더합니다.

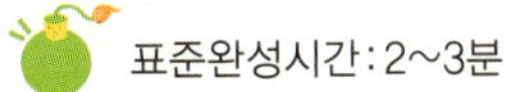 분수의 덧셈을 하시오.

1주

(9) $2\dfrac{4}{7} + 3\dfrac{5}{7} = \boxed{}\dfrac{\boxed{}}{\boxed{}}$

(10) $1\dfrac{3}{4} + 2\dfrac{2}{4} = \boxed{}\dfrac{\boxed{}}{\boxed{}}$

(11) $3\dfrac{6}{9} + 1\dfrac{5}{9} =$

(12) $1\dfrac{3}{5} + 2\dfrac{4}{5} =$

(13) $1\dfrac{5}{8} + 6\dfrac{7}{8} =$

(14) $4\dfrac{3}{6} + 2\dfrac{5}{6} =$

(15) $5\dfrac{8}{9} + 1\dfrac{5}{9} =$

(16) $2\dfrac{6}{7} + 4\dfrac{6}{7} =$

(17) $3\dfrac{8}{10} + 4\dfrac{9}{10} =$

(18) $1\dfrac{12}{14} + 4\dfrac{7}{14} =$

(19) $1\dfrac{7}{13} + 5\dfrac{9}{13} =$

(20) $4\dfrac{6}{11} + 3\dfrac{8}{11} =$

 분수의 덧셈을 하시오.

(1) $4\dfrac{5}{8} + 2\dfrac{6}{8} = \boxed{} + \dfrac{11}{8} = \boxed{} + 1\dfrac{3}{8} = \boxed{}\dfrac{\boxed{}}{8}$

(2) $2\dfrac{5}{7} + 3\dfrac{4}{7} = \boxed{} + \dfrac{9}{7} = \boxed{} + 1\dfrac{2}{7} = \boxed{}\dfrac{\boxed{}}{7}$

(3) $1\dfrac{6}{9} + 3\dfrac{8}{9} =$

(4) $2\dfrac{6}{8} + 5\dfrac{7}{8} =$

(5) $3\dfrac{3}{5} + 3\dfrac{3}{5} =$

(6) $4\dfrac{3}{7} + 2\dfrac{6}{7} =$

(7) $3\dfrac{10}{15} + 2\dfrac{8}{15} =$

(8) $2\dfrac{9}{11} + 5\dfrac{6}{11} =$

(9) $4\dfrac{17}{18} + 2\dfrac{15}{18} =$

(10) $1\dfrac{12}{14} + 5\dfrac{8}{14} =$

분수의 덧셈을 하시오.

(11) $3\dfrac{7}{8} + 1\dfrac{5}{8} =$

(12) $1\dfrac{3}{4} + 3\dfrac{2}{4} =$

(13) $5\dfrac{3}{6} + 3\dfrac{5}{6} =$

(14) $2\dfrac{6}{7} + 4\dfrac{6}{7} =$

(15) $3\dfrac{4}{9} + 5\dfrac{8}{9} =$

(16) $1\dfrac{4}{5} + 4\dfrac{3}{5} =$

(17) $2\dfrac{11}{14} + 7\dfrac{8}{14} =$

(18) $3\dfrac{14}{17} + 1\dfrac{9}{17} =$

(19) $2\dfrac{16}{19} + 3\dfrac{18}{19} =$

(20) $1\dfrac{14}{18} + 5\dfrac{13}{18} =$

(21) $2\dfrac{18}{22} + 4\dfrac{15}{22} =$

(22) $3\dfrac{14}{15} + 4\dfrac{10}{15} =$

7차시 분수의 덧셈 1단계

 분수의 덧셈을 하시오.

(1)
$$2\frac{2}{4} + 3\frac{3}{4} = 6\frac{1}{4}$$

(2)
$$\frac{5}{8} + 4\frac{6}{8} = 5\frac{3}{8}$$

(3)
$$6\frac{7}{9} + \frac{6}{9}$$

(4)
$$4\frac{4}{7} + \frac{6}{7}$$

(5)
$$1\frac{5}{6} + 5\frac{4}{6}$$

(6)
$$\frac{2}{3} + 4\frac{2}{3}$$

(7)
$$\frac{5}{9} + 6\frac{7}{9}$$

(8)
$$5\frac{4}{8} + \frac{6}{8}$$

(9)
$$3\frac{2}{5} + 2\frac{4}{5}$$

꼭꼭 진분수끼리 먼저 더한 후, 받아올림에 주의하여 자연수끼리 더합니다.

◉ 분수의 덧셈을 하시오.

(10)
$$+\ 5\frac{3}{6}\,\frac{6}{5}$$

$$\begin{array}{r} 3\frac{6}{5}\frac{?}{6} \\ +\ 5\frac{5}{6} \\ \hline \end{array}$$

(10)
$$\begin{array}{r} 3\tfrac{6}{5}\ \\ +\ 5\tfrac{5}{6} \\ \hline \end{array}$$

(11)
$$\begin{array}{r} 6\tfrac{3}{4} \\ +\ \ \tfrac{2}{4} \\ \hline \end{array}$$

(12)
$$\begin{array}{r} 2\tfrac{6}{8} \\ +\ 4\tfrac{5}{8} \\ \hline \end{array}$$

(13)
$$\begin{array}{r} 4\tfrac{5}{7} \\ +\ \ \tfrac{4}{7} \\ \hline \end{array}$$

(14)
$$\begin{array}{r} 1\tfrac{4}{5} \\ +\ 5\tfrac{3}{5} \\ \hline \end{array}$$

(15)
$$\begin{array}{r} 6\tfrac{6}{9} \\ +\ 6\tfrac{5}{9} \\ \hline \end{array}$$

(16)
$$\begin{array}{r} 4\tfrac{8}{11} \\ +\ \ \tfrac{7}{11} \\ \hline \end{array}$$

(17)
$$\begin{array}{r} \tfrac{9}{16} \\ +\ 7\tfrac{8}{16} \\ \hline \end{array}$$

(18)
$$\begin{array}{r} 3\tfrac{8}{13} \\ +\ 2\tfrac{7}{13} \\ \hline \end{array}$$

(19)
$$\begin{array}{r} 1\tfrac{11}{14} \\ +\ \ \tfrac{8}{14} \\ \hline \end{array}$$

(20)
$$\begin{array}{r} \tfrac{16}{17} \\ +\ 5\tfrac{14}{17} \\ \hline \end{array}$$

(21)
$$\begin{array}{r} 6\tfrac{21}{25} \\ +\ 1\tfrac{12}{25} \\ \hline \end{array}$$

✚ 분수의 덧셈을 하시오.

(1)

$$+\ 5\ \dfrac{4}{6}\ \dfrac{4}{6}$$

(2)

$$7\ \dfrac{5}{8}$$
$$+\ \ \ \dfrac{7}{8}$$

(3)

$$2\ \dfrac{2}{3}$$
$$+\ 3\ \dfrac{2}{3}$$

(4)

$$8\ \dfrac{3}{4}$$
$$+\ \ \ \dfrac{2}{4}$$

(5)

$$2\ \dfrac{4}{7}$$
$$+\ 4\ \dfrac{6}{7}$$

(6)

$$\ \ \ \dfrac{4}{5}$$
$$+\ 5\ \dfrac{3}{5}$$

(7)

$$4\ \dfrac{15}{16}$$
$$+\ \ \ \dfrac{9}{16}$$

(8)

$$\ \ \ \dfrac{12}{18}$$
$$+\ 6\ \dfrac{8}{18}$$

(9)

$$1\ \dfrac{11}{13}$$
$$+\ 4\ \dfrac{8}{13}$$

(10)

$$2\ \dfrac{14}{17}$$
$$+\ \ \ \dfrac{10}{17}$$

(11)

$$\ \ \ \dfrac{15}{21}$$
$$+\ 8\ \dfrac{12}{21}$$

(12)

$$3\ \dfrac{13}{15}$$
$$+\ 2\ \dfrac{8}{15}$$

❖ 분수의 덧셈을 하시오.

(13)
$$6\frac{2}{3} + \frac{2}{3}$$

(14)
$$4\frac{3}{8} + \frac{7}{8}$$

(15)
$$1\frac{4}{5} + 3\frac{4}{5}$$

(16)
$$2\frac{6}{7} + \frac{5}{7}$$

(17)
$$1\frac{8}{9} + 2\frac{4}{9}$$

(18)
$$\frac{3}{4} + 4\frac{2}{4}$$

(19)
$$7\frac{15}{17} + \frac{8}{17}$$

(20)
$$\frac{9}{14} + 1\frac{8}{14}$$

(21)
$$2\frac{7}{12} + 4\frac{6}{12}$$

(22)
$$8\frac{17}{25} + \frac{14}{25}$$

(23)
$$\frac{13}{20} + 6\frac{17}{20}$$

(24)
$$3\frac{14}{18} + 2\frac{9}{18}$$

분수의 덧셈을 하시오.

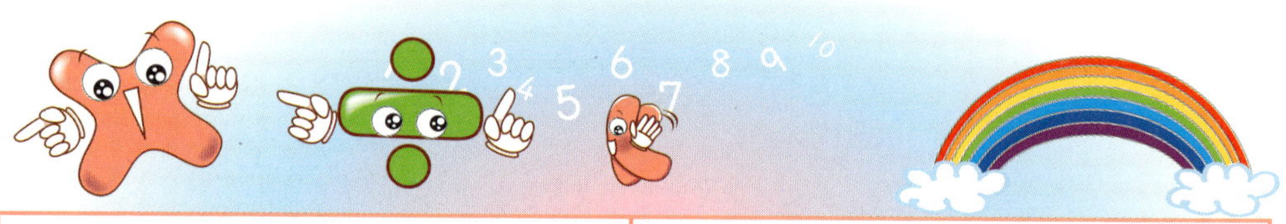

$\dfrac{3}{4} + 4\dfrac{2}{4} =$	$2\dfrac{4}{6} + \dfrac{5}{6} =$
$\dfrac{5}{7} + 2\dfrac{6}{7} =$	$1\dfrac{3}{5} + \dfrac{4}{5} =$
$\dfrac{7}{9} + 5\dfrac{5}{9} =$	$3\dfrac{5}{8} + \dfrac{4}{8} =$
$\dfrac{13}{18} + 6\dfrac{8}{18} =$	$4\dfrac{11}{14} + \dfrac{7}{14} =$
$\dfrac{17}{19} + 4\dfrac{14}{19} =$	$7\dfrac{15}{21} + \dfrac{12}{21} =$
$\dfrac{14}{16} + 8\dfrac{9}{16} =$	$1\dfrac{7}{15} + \dfrac{13}{15} =$

꼭꼭 분모가 같은 분수의 덧셈은 자연수는 자연수끼리 더하고 진분수는 진분수끼리 더합니다. 진분수끼리의 합이 가분수이면 대분수로 고쳐 자연수와 더합니다.

◆ 분수의 덧셈을 하시오.

$\dfrac{8}{9} + 4\dfrac{6}{9} =$	$9\dfrac{4}{5} + \dfrac{3}{5} =$
$\dfrac{4}{5} + 2\dfrac{3}{5} =$	$3\dfrac{5}{7} + \dfrac{6}{7} =$
$\dfrac{3}{4} + 3\dfrac{2}{4} =$	$1\dfrac{3}{6} + \dfrac{5}{6} =$
$\dfrac{2}{3} + 7\dfrac{2}{3} =$	$8\dfrac{6}{8} + \dfrac{5}{8} =$
$\dfrac{8}{11} + 4\dfrac{7}{11} =$	$2\dfrac{11}{13} + \dfrac{9}{13} =$
$\dfrac{14}{17} + 9\dfrac{13}{17} =$	$3\dfrac{8}{15} + \dfrac{14}{15} =$

 분수의 덧셈을 하시오.

$1\dfrac{3}{5} + 2\dfrac{4}{5} =$	$2\dfrac{6}{8} + 1\dfrac{5}{8} =$
$3\dfrac{4}{6} + 4\dfrac{3}{6} =$	$3\dfrac{7}{9} + 2\dfrac{5}{9} =$
$3\dfrac{6}{8} + 5\dfrac{7}{8} =$	$2\dfrac{3}{5} + 5\dfrac{4}{5} =$
$2\dfrac{5}{7} + 3\dfrac{4}{7} =$	$1\dfrac{2}{4} + 1\dfrac{3}{4} =$
$4\dfrac{11}{12} + 1\dfrac{8}{12} =$	$2\dfrac{15}{17} + 3\dfrac{14}{17} =$
$2\dfrac{7}{15} + 1\dfrac{14}{15} =$	$4\dfrac{8}{19} + 1\dfrac{18}{19} =$

 받아올림에 주의하면서 분수의 덧셈을 계산합니다.

✿ 분수의 덧셈을 하시오.

$2\dfrac{2}{4} + 3\dfrac{3}{4} =$	$2\dfrac{5}{6} + 4\dfrac{3}{6} =$
$3\dfrac{7}{9} + 5\dfrac{5}{9} =$	$2\dfrac{3}{8} + 4\dfrac{7}{8} =$
$3\dfrac{5}{7} + 2\dfrac{6}{7} =$	$5\dfrac{5}{9} + 1\dfrac{7}{9} =$
$2\dfrac{7}{8} + 6\dfrac{5}{8} =$	$5\dfrac{4}{5} + 1\dfrac{2}{5} =$
$3\dfrac{13}{18} + 4\dfrac{15}{18} =$	$2\dfrac{11}{16} + 2\dfrac{7}{16} =$
$2\dfrac{14}{17} + 3\dfrac{9}{17} =$	$1\dfrac{8}{14} + 6\dfrac{9}{14} =$

✿　□ 안에 알맞은 수를 써넣으시오.

(1)　$3\dfrac{4}{6} + \dfrac{\square}{6} = 4\dfrac{3}{6}$　　분자끼리의 합을 보고 □ 안의 수를 구합니다.
$4+\square=3+6 \rightarrow \square=5$

(2)　$5\dfrac{\square}{5} + \dfrac{4}{5} = 6\dfrac{2}{5}$　　　$\square+4=2+5 \rightarrow \square=3$

(3)　$2\dfrac{8}{9} + \dfrac{\square}{9} = 3\dfrac{5}{9}$

(4)　$\dfrac{3}{4} + 6\dfrac{\square}{4} = 7\dfrac{1}{4}$

(5)　$4\dfrac{\square}{8} + \dfrac{5}{8} = 5\dfrac{3}{8}$

(6)　$\dfrac{\square}{7} + 1\dfrac{5}{7} = 2\dfrac{3}{7}$

(7)　$7\dfrac{9}{12} + \dfrac{\square}{12} = 8\dfrac{4}{12}$

(8)　$\dfrac{8}{10} + 4\dfrac{\square}{10} = 5\dfrac{5}{10}$

　분자끼리의 합을 보고 □ 안의 수를 구합니다.
$4+\square=3$이 될 수 없으므로 자연수 부분에서 1을 받아내림하여 $4+\square=3+6$입니다.
따라서, □ 안의 수는 5입니다.

□ 안에 알맞은 수를 써넣으시오.

(9) $1\dfrac{5}{8} + \dfrac{\square}{8} = 2\dfrac{4}{8}$

(10) $\dfrac{2}{3} + 8\dfrac{\square}{3} = 9\dfrac{1}{3}$

(11) $3\dfrac{\square}{5} + \dfrac{4}{5} = 4\dfrac{3}{5}$

(12) $\dfrac{\square}{7} + 3\dfrac{6}{7} = 4\dfrac{4}{7}$

(13) $6\dfrac{6}{9} + \dfrac{\square}{9} = 7\dfrac{5}{9}$

(14) $\dfrac{4}{6} + 2\dfrac{\square}{6} = 3\dfrac{1}{6}$

(15) $4\dfrac{\square}{7} + \dfrac{5}{7} = 5\dfrac{4}{7}$

(16) $\dfrac{\square}{4} + 6\dfrac{3}{4} = 7\dfrac{1}{4}$

(17) $5\dfrac{12}{15} + \dfrac{\square}{15} = 6\dfrac{5}{15}$

(18) $\dfrac{8}{10} + 7\dfrac{\square}{10} = 8\dfrac{7}{10}$

(19) $2\dfrac{\square}{17} + \dfrac{8}{17} = 3\dfrac{6}{17}$

(20) $\dfrac{\square}{13} + 4\dfrac{9}{13} = 5\dfrac{3}{13}$

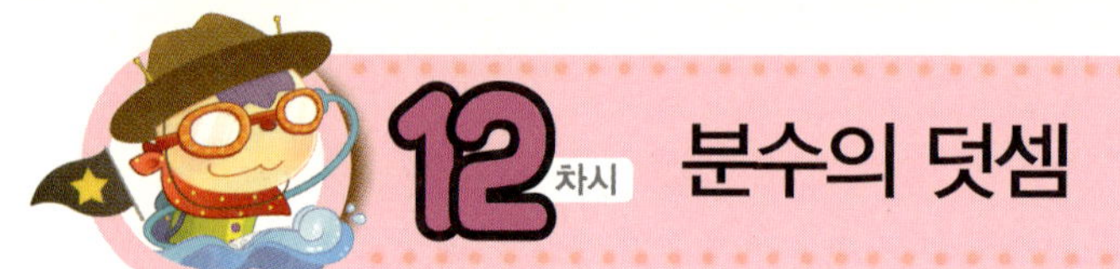

12차시 분수의 덧셈

❖ ☐ 안에 알맞은 수를 써넣으시오.

(1) $\dfrac{\square}{4} + 4\dfrac{3}{4} = 5\dfrac{2}{4}$

분자끼리의 합을 보고 ☐ 안의 수를 구합니다.
☐+3=2+4 → ☐=3

(2) $6\dfrac{5}{8} + \dfrac{\square}{8} = 7\dfrac{4}{8}$

5+☐=4+8 → ☐=7

(3) $\dfrac{\square}{9} + 5\dfrac{5}{9} = 6\dfrac{2}{9}$

(4) $\dfrac{5}{6} + 8\dfrac{\square}{6} = 9\dfrac{3}{6}$

(5) $9\dfrac{2}{5} + \dfrac{\square}{5} = 10\dfrac{1}{5}$

(6) $6\dfrac{\square}{8} + \dfrac{7}{8} = 7\dfrac{3}{8}$

(7) $\dfrac{\square}{18} + 4\dfrac{17}{18} = 5\dfrac{4}{18}$

(8) $\dfrac{9}{11} + 3\dfrac{\square}{11} = 4\dfrac{6}{11}$

(9) $2\dfrac{7}{13} + \dfrac{\square}{13} = 3\dfrac{5}{13}$

(10) $7\dfrac{\square}{16} + \dfrac{12}{16} = 8\dfrac{3}{16}$

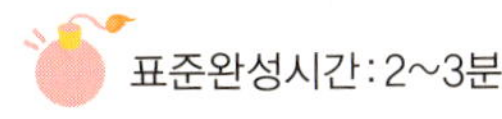

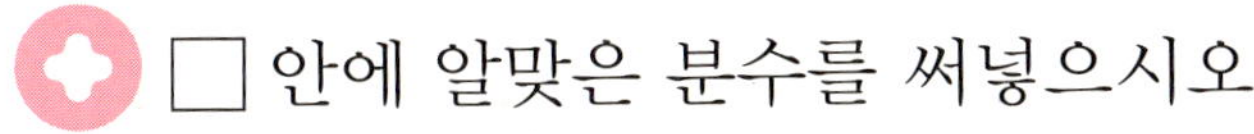

□ 안에 알맞은 분수를 써넣으시오.

(11) $\square + 5\dfrac{6}{7} = 8\dfrac{4}{7}$

(12) $3\dfrac{2}{5} + \square = 8\dfrac{1}{5}$

(13) $1\dfrac{6}{8} + \square = 10\dfrac{5}{8}$

(14) $\square + 4\dfrac{3}{4} = 9\dfrac{1}{4}$

(15) $\square + 1\dfrac{5}{6} = 5\dfrac{4}{6}$

(16) $2\dfrac{7}{9} + \square = 6\dfrac{3}{9}$

(17) $2\dfrac{4}{5} + \square = 4\dfrac{2}{5}$

(18) $\square + 2\dfrac{6}{7} = 7\dfrac{3}{7}$

(19) $\square + 1\dfrac{8}{13} = 4\dfrac{7}{13}$

(20) $4\dfrac{12}{17} + \square = 6\dfrac{3}{17}$

(21) $3\dfrac{7}{12} + \square = 8\dfrac{3}{12}$

(22) $\square + 2\dfrac{8}{16} = 4\dfrac{7}{16}$

분수의 뺄셈 1

매일 학습이 끝나면 채점을 하고 체크표를 작성하여 나의 실력을 알아보세요.

차시	단계	공부한 날	잘 했나요?
13차시		월 일	😊 🙂 😐 😣
14차시		월 일	😊 🙂 😐 😣
15차시		월 일	😊 🙂 😐 😣
16차시		월 일	😊 🙂 😐 😣
17차시	1단계	월 일	😊 🙂 😐 😣
18차시		월 일	😊 🙂 😐 😣
19차시		월 일	😊 🙂 😐 😣
20차시		월 일	😊 🙂 😐 😣
21차시	2단계	월 일	😊 🙂 😐 😣
22차시		월 일	😊 🙂 😐 😣
23차시	3단계	월 일	😊 🙂 😐 😣
24차시		월 일	😊 🙂 😐 😣

0~1개이면 😊(아주 잘함)에, 2~3개이면 🙂(잘함)에,

4~5개이면 😐(보통)에, 6개 이상이면 😣(노력 바람)에 색칠해 주세요.

학습목표 분모가 같고 받아내림이 없는 분수의 뺄셈을 학습합니다.

2주

$$6\frac{4}{7} - 2\frac{1}{7}$$

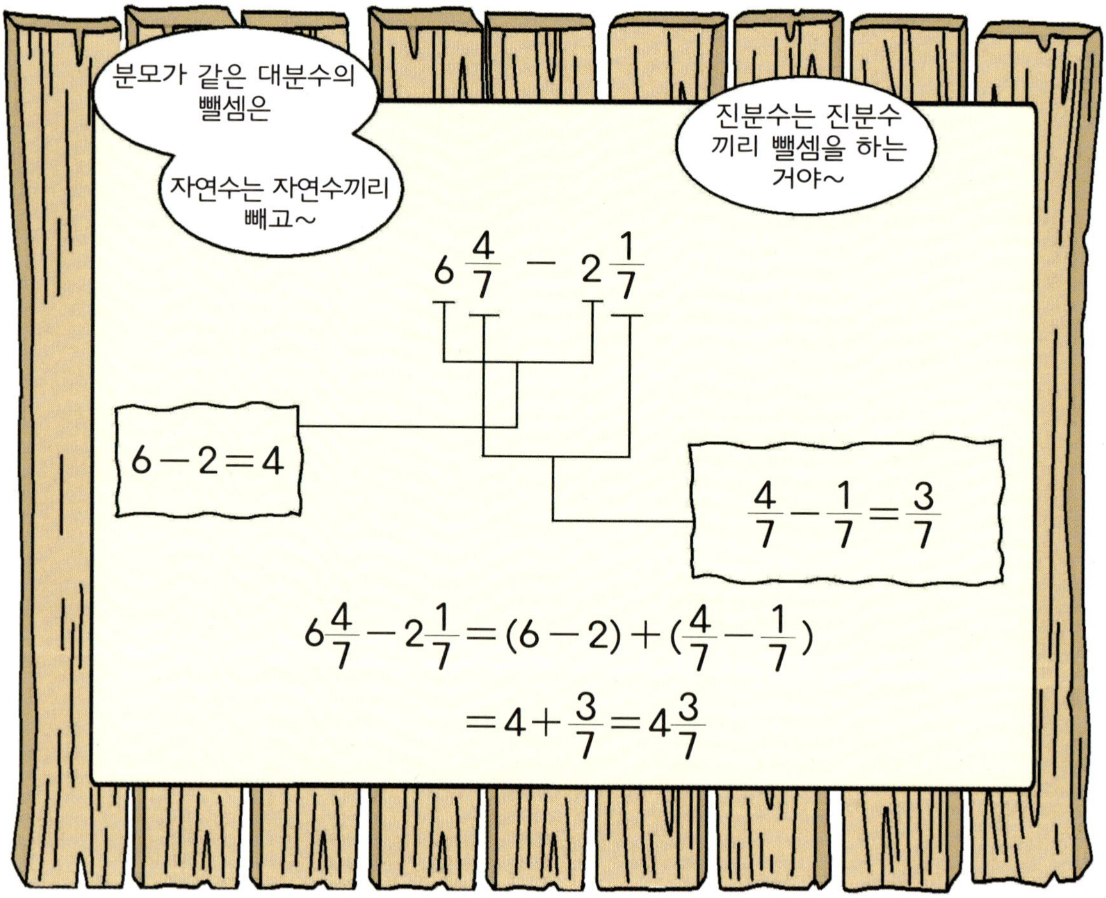

$$6 - 2 = 4$$

$$\frac{4}{7} - \frac{1}{7} = \frac{3}{7}$$

$$6\frac{4}{7} - 2\frac{1}{7} = (6-2) + \left(\frac{4}{7} - \frac{1}{7}\right)$$

$$= 4 + \frac{3}{7} = 4\frac{3}{7}$$

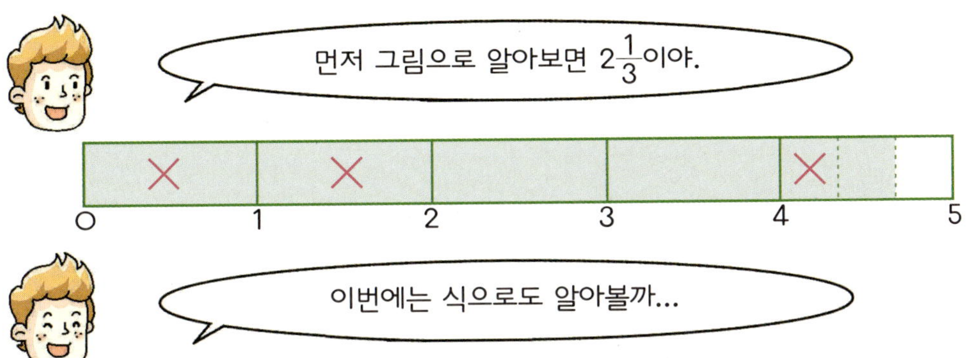

$$4\dfrac{2}{3}-2\dfrac{1}{3}=(4-2)+\left(\dfrac{2}{3}-\dfrac{1}{3}\right)$$

$$=2+\dfrac{1}{3}$$

$$=2\dfrac{1}{3}$$

분모가 같은 대분수의 뺄셈은 자연수는 자연수끼리, 진분수는 진분수끼리 계산합니다.

$$4\dfrac{2}{3}-2\dfrac{1}{3}=2\dfrac{1}{3}$$

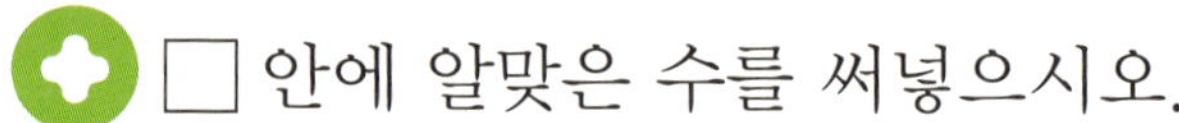

➕ □ 안에 알맞은 수를 써넣으시오.

(1) $\dfrac{4}{5} - \dfrac{3}{5} = \dfrac{4-3}{5} = \dfrac{\square}{5}$ ← 분자끼리 뺍니다.

← 분모는 그대로 써 줍니다.

(2) $\dfrac{6}{8} - \dfrac{2}{8} = \dfrac{6-2}{8} = \dfrac{\square}{8}$

(3) $\dfrac{5}{6} - \dfrac{2}{6} = \dfrac{5-\square}{6} = \dfrac{\square}{6}$

(4) $\dfrac{7}{9} - \dfrac{3}{9} = \dfrac{7-\square}{9} = \dfrac{\square}{9}$

(5) $\dfrac{5}{7} - \dfrac{1}{7} = \dfrac{\square-\square}{7} = \dfrac{\square}{7}$

(6) $\dfrac{6}{10} - \dfrac{3}{10} = \dfrac{\square-\square}{10} = \dfrac{\square}{10}$

꼭꼭 분모가 같은 진분수의 뺄셈은 분모는 그대로 쓰고 분자끼리 뺍니다.

 분수의 뺄셈을 하시오.

(7) $\dfrac{2}{3} - \dfrac{1}{3} = \dfrac{\square}{3}$

(8) $\dfrac{4}{7} - \dfrac{1}{7} = \dfrac{\square}{7}$

(9) $\dfrac{4}{9} - \dfrac{1}{9} =$

(10) $\dfrac{5}{8} - \dfrac{3}{8} =$

(11) $\dfrac{5}{6} - \dfrac{4}{6} =$

(12) $\dfrac{4}{5} - \dfrac{2}{5} =$

(13) $\dfrac{7}{8} - \dfrac{3}{8} =$

(14) $\dfrac{2}{4} - \dfrac{1}{4} =$

(15) $\dfrac{9}{10} - \dfrac{2}{10} =$

(16) $\dfrac{8}{11} - \dfrac{6}{11} =$

(17) $\dfrac{8}{15} - \dfrac{3}{15} =$

(18) $\dfrac{7}{12} - \dfrac{4}{12} =$

🍀 분수의 뺄셈을 하시오.

(1) $\dfrac{3}{7} - \dfrac{2}{7} = \dfrac{\square}{7}$

(2) $\dfrac{3}{6} - \dfrac{1}{6} = \dfrac{\square}{6}$

(3) $\dfrac{7}{9} - \dfrac{5}{9} =$

(4) $\dfrac{3}{4} - \dfrac{2}{4} =$

(5) $\dfrac{4}{5} - \dfrac{1}{5} =$

(6) $\dfrac{6}{8} - \dfrac{5}{8} =$

(7) $\dfrac{3}{6} - \dfrac{2}{6} =$

(8) $\dfrac{6}{7} - \dfrac{4}{7} =$

(9) $\dfrac{11}{16} - \dfrac{4}{16} =$

(10) $\dfrac{7}{13} - \dfrac{3}{13} =$

(11) $\dfrac{8}{14} - \dfrac{5}{14} =$

(12) $\dfrac{10}{18} - \dfrac{2}{18} =$

● 분수의 뺄셈을 하시오.

(13) $\dfrac{4}{6} - \dfrac{2}{6} =$

(14) $\dfrac{3}{4} - \dfrac{1}{4} =$

2주

(15) $\dfrac{6}{7} - \dfrac{3}{7} =$

(16) $\dfrac{2}{3} - \dfrac{1}{3} =$

(17) $\dfrac{7}{8} - \dfrac{4}{8} =$

(18) $\dfrac{5}{9} - \dfrac{4}{9} =$

(19) $\dfrac{3}{5} - \dfrac{2}{5} =$

(20) $\dfrac{6}{8} - \dfrac{3}{8} =$

(21) $\dfrac{12}{20} - \dfrac{7}{20} =$

(22) $\dfrac{13}{24} - \dfrac{8}{24} =$

(23) $\dfrac{15}{21} - \dfrac{8}{21} =$

(24) $\dfrac{14}{25} - \dfrac{9}{25} =$

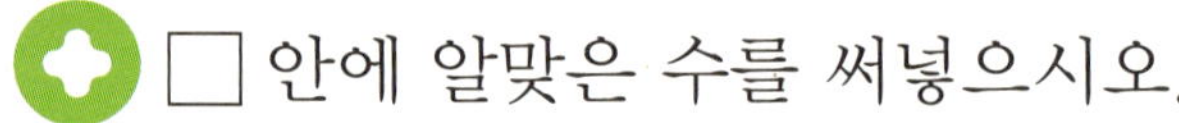

◆ □ 안에 알맞은 수를 써넣으시오.

(1) $2\dfrac{5}{6} - \dfrac{2}{6} = 2 + \left(\dfrac{5}{6} - \dfrac{2}{6}\right) = 2 + \dfrac{3}{6} = 2\dfrac{\Box}{6}$

(2) $7\dfrac{5}{7} - \dfrac{2}{7} = \Box + \left(\dfrac{5}{7} - \dfrac{2}{7}\right) = \Box + \dfrac{3}{7} = 7\dfrac{\Box}{7}$

(3) $5\dfrac{7}{9} - \dfrac{2}{9} = \Box + \left(\dfrac{7}{9} - \dfrac{2}{9}\right) = \Box + \dfrac{\Box}{9} = \Box\dfrac{\Box}{9}$

(4) $1\dfrac{4}{5} - \dfrac{2}{5} = \Box + \left(\dfrac{4}{5} - \dfrac{2}{5}\right) = \Box + \dfrac{\Box}{5} = \Box\dfrac{\Box}{5}$

(5) $6\dfrac{3}{4} - \dfrac{2}{4} = \Box + \left(\dfrac{3}{4} - \dfrac{2}{4}\right) = \Box + \dfrac{\Box}{4} = \Box\dfrac{\Box}{4}$

(6) $4\dfrac{7}{8} - \dfrac{1}{8} = \Box + \left(\dfrac{7}{8} - \dfrac{1}{8}\right) = \Box + \dfrac{\Box}{8} = \Box\dfrac{\Box}{8}$

꼭꼭 분모가 같은 대분수와 진분수의 뺄셈은 자연수는 그대로 두고 진분수끼리 뺄셈을 합니다.

✚ 분수의 뺄셈을 하시오.

(7) $1\dfrac{4}{5} - \dfrac{2}{5} = \boxed{}\dfrac{\boxed{}}{5}$

(8) $5\dfrac{7}{8} - \dfrac{3}{8} = \boxed{}\dfrac{\boxed{}}{8}$

(9) $3\dfrac{5}{6} - \dfrac{2}{6} =$

(10) $4\dfrac{3}{4} - \dfrac{1}{4} =$

(11) $9\dfrac{6}{7} - \dfrac{3}{7} =$

(12) $6\dfrac{5}{6} - \dfrac{4}{6} =$

(13) $4\dfrac{5}{8} - \dfrac{2}{8} =$

(14) $8\dfrac{8}{9} - \dfrac{5}{9} =$

(15) $2\dfrac{9}{10} - \dfrac{4}{10} =$

(16) $9\dfrac{8}{11} - \dfrac{1}{11} =$

(17) $7\dfrac{11}{14} - \dfrac{9}{14} =$

(18) $3\dfrac{9}{12} - \dfrac{3}{12} =$

❖ 분수의 뺄셈을 하시오.

(1) $4\dfrac{5}{7} - \dfrac{1}{7} =$

(2) $7\dfrac{4}{5} - \dfrac{3}{5} =$

(3) $1\dfrac{7}{8} - \dfrac{2}{8} =$

(4) $4\dfrac{3}{4} - \dfrac{2}{4} =$

(5) $6\dfrac{5}{6} - \dfrac{2}{6} =$

(6) $9\dfrac{8}{9} - \dfrac{6}{9} =$

(7) $5\dfrac{12}{13} - \dfrac{8}{13} =$

(8) $3\dfrac{15}{19} - \dfrac{11}{19} =$

(9) $7\dfrac{13}{18} - \dfrac{8}{18} =$

(10) $6\dfrac{14}{15} - \dfrac{2}{15} =$

(11) $2\dfrac{12}{16} - \dfrac{7}{16} =$

(12) $4\dfrac{18}{20} - \dfrac{12}{20} =$

 분수의 뺄셈을 하시오.

(13) $4\dfrac{7}{9} - \dfrac{4}{9} =$

(14) $8\dfrac{4}{6} - \dfrac{3}{6} =$

(15) $3\dfrac{5}{8} - \dfrac{1}{8} =$

(16) $2\dfrac{8}{9} - \dfrac{2}{9} =$

(17) $1\dfrac{4}{5} - \dfrac{2}{5} =$

(18) $6\dfrac{6}{7} - \dfrac{5}{7} =$

(19) $2\dfrac{15}{20} - \dfrac{7}{20} =$

(20) $4\dfrac{23}{25} - \dfrac{16}{25} =$

(21) $4\dfrac{17}{21} - \dfrac{8}{21} =$

(22) $8\dfrac{15}{17} - \dfrac{9}{17} =$

(23) $5\dfrac{22}{28} - \dfrac{4}{28} =$

(24) $9\dfrac{18}{23} - \dfrac{13}{23} =$

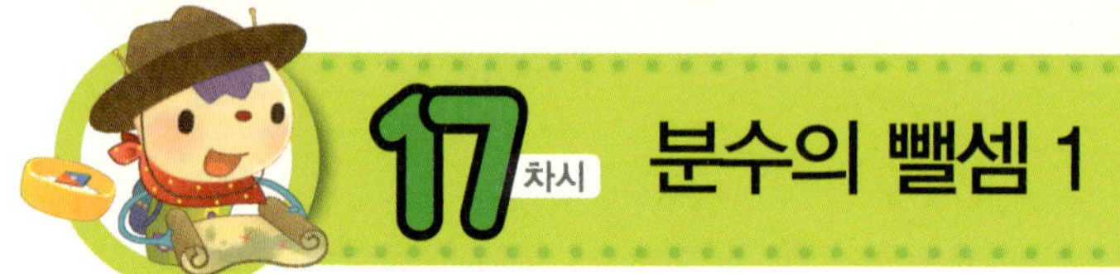

분수의 뺄셈 1

○ □ 안에 알맞은 수를 써넣으시오.

(1) $5\dfrac{4}{5} - 3\dfrac{1}{5} = (5-3) + \left(\dfrac{4}{5} - \dfrac{1}{5}\right) = 2 + \dfrac{3}{5} = 2\dfrac{\square}{5}$

(2) $7\dfrac{2}{3} - 2\dfrac{1}{3} = \dfrac{\square\ \square}{3}$

(3) $3\dfrac{6}{7} - 2\dfrac{4}{7} = \dfrac{\square\ \square}{7}$

(4) $5\dfrac{7}{8} - 2\dfrac{4}{8} = \square\dfrac{\square}{\square}$

(5) $6\dfrac{3}{4} - 1\dfrac{2}{4} = \square\dfrac{\square}{\square}$

(6) $4\dfrac{5}{6} - 3\dfrac{3}{6} = \square\dfrac{\square}{\square}$

(7) $8\dfrac{7}{9} - 4\dfrac{4}{9} = \square\dfrac{\square}{\square}$

(8) $8\dfrac{11}{13} - 4\dfrac{5}{13} = \square\dfrac{\square}{\square}$

(9) $3\dfrac{8}{10} - 1\dfrac{3}{10} = \square\dfrac{\square}{\square}$

꼭꼭 분모가 같은 대분수의 뺄셈은 자연수는 자연수끼리 빼고, 진분수는 진분수끼리 뺍니다.

분수의 뺄셈을 하시오.

(10) $5\dfrac{5}{6} - 4\dfrac{3}{6} = \boxed{}\dfrac{\boxed{}}{\boxed{}}$

(11) $7\dfrac{8}{9} - 3\dfrac{2}{9} = \boxed{}\dfrac{\boxed{}}{\boxed{}}$

(12) $4\dfrac{6}{8} - 2\dfrac{3}{8} =$

(13) $3\dfrac{3}{4} - 1\dfrac{1}{4} =$

(14) $5\dfrac{4}{7} - 1\dfrac{2}{7} =$

(15) $5\dfrac{4}{5} - 3\dfrac{3}{5} =$

(16) $4\dfrac{7}{9} - 3\dfrac{6}{9} =$

(17) $6\dfrac{5}{6} - 2\dfrac{2}{6} =$

(18) $5\dfrac{9}{11} - 2\dfrac{4}{11} =$

(19) $9\dfrac{12}{15} - 5\dfrac{3}{15} =$

(20) $6\dfrac{8}{14} - 3\dfrac{2}{14} =$

(21) $3\dfrac{10}{12} - 2\dfrac{7}{12} =$

 분수의 뺄셈을 하시오.

(1) $4\dfrac{6}{9} - 1\dfrac{5}{9} =$

(2) $5\dfrac{4}{5} - 3\dfrac{2}{5} =$

(3) $4\dfrac{6}{7} - 3\dfrac{1}{7} =$

(4) $7\dfrac{5}{8} - 4\dfrac{4}{8} =$

(5) $8\dfrac{2}{4} - 4\dfrac{1}{4} =$

(6) $6\dfrac{5}{6} - 4\dfrac{2}{6} =$

(7) $6\dfrac{11}{15} - 2\dfrac{3}{15} =$

(8) $6\dfrac{15}{18} - 1\dfrac{8}{18} =$

(9) $5\dfrac{14}{20} - 2\dfrac{8}{20} =$

(10) $8\dfrac{12}{19} - 7\dfrac{4}{19} =$

(11) $7\dfrac{20}{24} - 3\dfrac{12}{24} =$

(12) $9\dfrac{15}{16} - 4\dfrac{7}{16} =$

 분수의 뺄셈을 하시오.

(13) $4\frac{7}{8} - 3\frac{5}{8} =$

(14) $2\frac{3}{5} - 1\frac{2}{5} =$

(15) $4\frac{6}{7} - 3\frac{4}{7} =$

(16) $8\frac{5}{6} - 5\frac{1}{6} =$

(17) $5\frac{6}{9} - 3\frac{2}{9} =$

(18) $6\frac{6}{8} - 2\frac{3}{8} =$

(19) $6\frac{4}{5} - 1\frac{3}{5} =$

(20) $4\frac{3}{7} - 2\frac{1}{7} =$

(21) $4\frac{12}{15} - 2\frac{7}{15} =$

(22) $6\frac{8}{11} - 4\frac{2}{11} =$

(23) $3\frac{14}{18} - 2\frac{5}{18} =$

(24) $7\frac{11}{14} - 1\frac{7}{14} =$

분수의 뺄셈을 하시오.

(1)
$$4\frac{2}{3} - 1\frac{1}{3} = 3\frac{1}{3}$$

(2)
$$5\frac{6}{7} - \frac{4}{7} = 5\frac{2}{7}$$

(3)
$$8\frac{5}{8} - 2\frac{1}{8}$$

(4)
$$9\frac{4}{6} - \frac{2}{6}$$

(5)
$$3\frac{3}{5} - 2\frac{1}{5}$$

(6)
$$6\frac{8}{9} - 3\frac{3}{9}$$

(7)
$$6\frac{5}{8} - 2\frac{1}{8}$$

(8)
$$4\frac{5}{7} - \frac{4}{7}$$

(9)
$$4\frac{2}{4} - 3\frac{1}{4}$$

 진분수끼리 먼저 뺀 후, 자연수끼리 뺍니다.

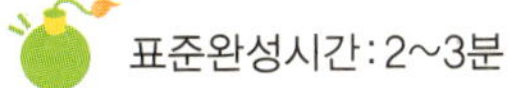 분수의 뺄셈을 하시오.

(10)

$$8\dfrac{3}{6}$$
$$-\ 3\dfrac{2}{6}$$

(11)

$$4\dfrac{3}{4}$$
$$-\ \ \dfrac{2}{4}$$

(12)

$$5\dfrac{7}{8}$$
$$-\ 3\dfrac{5}{8}$$

(13)

$$2\dfrac{5}{7}$$
$$-\ \ \dfrac{1}{7}$$

(14)

$$5\dfrac{4}{5}$$
$$-\ 4\dfrac{3}{5}$$

(15)

$$7\dfrac{8}{9}$$
$$-\ 5\dfrac{3}{9}$$

(16)

$$6\dfrac{9}{10}$$
$$-\ 1\dfrac{3}{10}$$

(17)

$$9\dfrac{11}{15}$$
$$-\ \ \dfrac{7}{15}$$

(18)

$$8\dfrac{8}{12}$$
$$-\ 4\dfrac{3}{12}$$

(19)

$$3\dfrac{10}{13}$$
$$-\ \ \dfrac{6}{13}$$

(20)

$$2\dfrac{13}{16}$$
$$-\ 1\dfrac{10}{16}$$

(21)

$$4\dfrac{23}{27}$$
$$-\ 2\dfrac{8}{27}$$

✿ 분수의 뺄셈을 하시오.

(1)
$$4\frac{4}{7} - 2\frac{2}{7}$$

(2)
$$8\frac{5}{9} - \frac{3}{9}$$

(3)
$$3\frac{3}{4} - 1\frac{2}{4}$$

(4)
$$4\frac{4}{5} - \frac{2}{5}$$

(5)
$$3\frac{7}{8} - 2\frac{3}{8}$$

(6)
$$7\frac{5}{6} - 5\frac{3}{6}$$

(7)
$$7\frac{12}{17} - 3\frac{6}{17}$$

(8)
$$3\frac{14}{19} - \frac{5}{19}$$

(9)
$$6\frac{7}{14} - 2\frac{3}{14}$$

(10)
$$7\frac{13}{18} - \frac{8}{18}$$

(11)
$$4\frac{19}{20} - 4\frac{12}{20}$$

(12)
$$7\frac{13}{21} - 1\frac{5}{21}$$

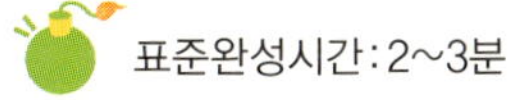 분수의 뺄셈을 하시오.

(13)
$$5 \frac{6}{9} - \frac{1}{9}$$

(14)
$$3 \frac{3}{7} - 2 \frac{1}{7}$$

(15)
$$7 \frac{2}{4} - 4 \frac{1}{4}$$

(16)
$$9 \frac{5}{6} - 3 \frac{2}{6}$$

(17)
$$5 \frac{7}{8} - 3 \frac{2}{8}$$

(18)
$$4 \frac{2}{3} - \frac{1}{3}$$

(19)
$$8 \frac{12}{16} - \frac{5}{16}$$

(20)
$$3 \frac{8}{13} - 2 \frac{5}{13}$$

(21)
$$5 \frac{7}{11} - 2 \frac{4}{11}$$

(22)
$$5 \frac{12}{24} - 3 \frac{9}{24}$$

(23)
$$7 \frac{20}{25} - \frac{13}{25}$$

(24)
$$4 \frac{11}{17} - 1 \frac{3}{17}$$

21차시 분수의 뺄셈 1

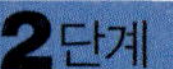

분수의 뺄셈을 하시오.

$$\frac{8}{9} - \frac{5}{9} =$$

$$\frac{6}{7} - \frac{3}{7} =$$

$$\frac{5}{8} - \frac{1}{8} =$$

$$\frac{5}{6} - \frac{2}{6} =$$

$$\frac{3}{5} - \frac{2}{5} =$$

$$\frac{7}{9} - \frac{4}{9} =$$

$$\frac{5}{7} - \frac{3}{7} =$$

$$\frac{3}{4} - \frac{1}{4} =$$

$$\frac{8}{10} - \frac{5}{10} =$$

$$\frac{11}{12} - \frac{4}{12} =$$

$$\frac{10}{13} - \frac{6}{13} =$$

$$\frac{13}{15} - \frac{7}{15} =$$

$$\frac{13}{14} - \frac{7}{14} =$$

$$\frac{12}{18} - \frac{5}{18} =$$

 분수의 뺄셈을 하시오.

$5\dfrac{2}{3} - \dfrac{1}{3} =$

$3\dfrac{4}{6} - \dfrac{2}{6} =$

$4\dfrac{4}{5} - \dfrac{2}{5} =$

$8\dfrac{7}{8} - \dfrac{3}{8} =$

$5\dfrac{9}{13} - \dfrac{3}{13} =$

$1\dfrac{12}{14} - \dfrac{6}{14} =$

$6\dfrac{13}{18} - \dfrac{7}{18} =$

$1\dfrac{4}{7} - \dfrac{3}{7} =$

$4\dfrac{8}{9} - \dfrac{6}{9} =$

$2\dfrac{3}{4} - \dfrac{1}{4} =$

$9\dfrac{5}{6} - \dfrac{2}{6} =$

$3\dfrac{15}{17} - \dfrac{8}{17} =$

$4\dfrac{14}{19} - \dfrac{8}{19} =$

$7\dfrac{17}{20} - \dfrac{12}{20} =$

22_{차시} 분수의 뺄셈 1

✚ 분수의 뺄셈을 하시오.

$8\dfrac{6}{7} - 2\dfrac{4}{7} =$	$2\dfrac{4}{6} - 1\dfrac{2}{6} =$
$5\dfrac{7}{9} - 4\dfrac{3}{9} =$	$3\dfrac{3}{4} - 2\dfrac{2}{4} =$
$6\dfrac{4}{5} - 2\dfrac{2}{5} =$	$8\dfrac{2}{3} - 5\dfrac{1}{3} =$
$7\dfrac{5}{6} - 3\dfrac{4}{6} =$	$5\dfrac{5}{8} - 1\dfrac{3}{8} =$
$4\dfrac{11}{13} - 1\dfrac{8}{13} =$	$9\dfrac{15}{18} - 3\dfrac{12}{18} =$
$2\dfrac{14}{16} - 1\dfrac{7}{16} =$	$4\dfrac{18}{19} - 2\dfrac{9}{19} =$
$7\dfrac{8}{14} - 6\dfrac{3}{14} =$	$5\dfrac{13}{12} - 3\dfrac{5}{12} =$

꼭꼭 분모가 같은 분수의 뺄셈은 자연수는 자연수끼리 빼고, 진분수는 진분수끼리 뺍니다.

 분수의 뺄셈을 하시오.

$8\dfrac{4}{5} - 3\dfrac{3}{5} =$

$5\dfrac{5}{7} - 4\dfrac{3}{7} =$

$6\dfrac{2}{4} - 5\dfrac{1}{4} =$

$8\dfrac{7}{9} - 4\dfrac{3}{9} =$

$3\dfrac{5}{8} - 2\dfrac{3}{8} =$

$5\dfrac{4}{5} - 1\dfrac{3}{5} =$

$6\dfrac{7}{9} - 2\dfrac{2}{9} =$

$4\dfrac{4}{6} - 2\dfrac{2}{6} =$

$7\dfrac{13}{19} - 4\dfrac{6}{19} =$

$9\dfrac{11}{17} - 2\dfrac{7}{17} =$

$9\dfrac{14}{18} - 3\dfrac{9}{18} =$

$7\dfrac{13}{15} - 6\dfrac{7}{15} =$

$5\dfrac{17}{20} - 2\dfrac{8}{20} =$

$8\dfrac{13}{16} - 3\dfrac{6}{16} =$

분수의 뺄셈 1

3단계

⬦ □ 안에 알맞은 수를 써넣으시오.

(1) $\dfrac{5}{6} - \dfrac{\square}{6} = \dfrac{3}{6}$
분자끼리의 차를 보고 □ 안의 수를 구합니다.
$5 - \square = 3 \rightarrow \square = 2$

(2) $\dfrac{\square}{5} - \dfrac{1}{5} = \dfrac{2}{5}$
$\square - 1 = 2 \rightarrow \square = 3$

(3) $\dfrac{8}{9} - \dfrac{\square}{9} = \dfrac{2}{9}$

(4) $\dfrac{3}{4} - \dfrac{\square}{4} = \dfrac{1}{4}$

(5) $\dfrac{\square}{8} - \dfrac{5}{8} = \dfrac{1}{8}$

(6) $\dfrac{\square}{7} - \dfrac{2}{7} = \dfrac{3}{7}$

(7) $\dfrac{9}{12} - \dfrac{\square}{12} = \dfrac{6}{12}$

(8) $\dfrac{8}{10} - \dfrac{\square}{10} = \dfrac{6}{10}$

 분모가 같은 분수의 뺄셈은 자연수는 자연수끼리 빼고, 진분수는 진분수끼리 뺍니다.
분자끼리의 차를 보고 □ 안의 수를 구합니다.

□ 안에 알맞은 수를 써넣으시오.

(9) $4\frac{7}{8} - \frac{\square}{8} = 4\frac{5}{8}$

(10) $5\frac{2}{3} - \frac{\square}{3} = 5\frac{1}{3}$

(11) $5\frac{\square}{5} - \frac{3}{5} = 5\frac{1}{5}$

(12) $3\frac{\square}{7} - \frac{2}{7} = 3\frac{3}{7}$

(13) $3\frac{6}{9} - \frac{\square}{9} = 3\frac{3}{9}$

(14) $4\frac{4}{6} - \frac{\square}{6} = 4\frac{1}{6}$

(15) $6\frac{\square}{7} - \frac{4}{7} = 6\frac{2}{7}$

(16) $7\frac{\square}{4} - \frac{1}{4} = 7\frac{2}{4}$

(17) $8\frac{12}{15} - \frac{\square}{15} = 8\frac{4}{15}$

(18) $4\frac{8}{10} - \frac{\square}{10} = 4\frac{4}{10}$

(19) $9\frac{\square}{17} - \frac{9}{17} = 9\frac{6}{17}$

(20) $7\frac{\square}{13} - \frac{3}{13} = 7\frac{6}{13}$

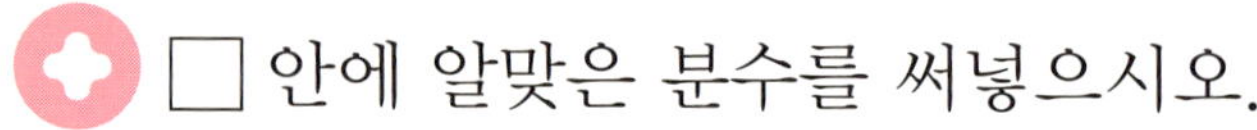

🌸 □ 안에 알맞은 분수를 써넣으시오.

(1) $\boxed{} - \dfrac{2}{5} = 5\dfrac{1}{5}$

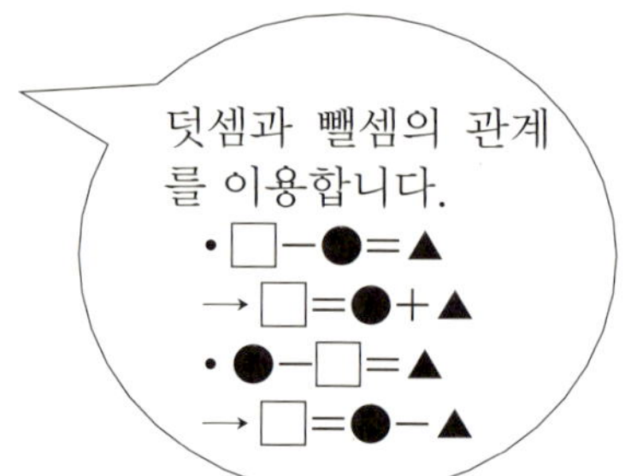

(2) $7\dfrac{7}{9} - \boxed{} = 7\dfrac{3}{9}$

(3) $\boxed{} - \dfrac{1}{4} = 6\dfrac{2}{4}$

(4) $9\dfrac{5}{7} - \boxed{} = 9\dfrac{1}{7}$

(5) $8\dfrac{4}{6} - \boxed{} = 8\dfrac{2}{6}$

(6) $\boxed{} - \dfrac{4}{9} = 7\dfrac{3}{9}$

(7) $\boxed{} - \dfrac{5}{14} = 3\dfrac{7}{14}$

(8) $4\dfrac{9}{12} - \boxed{} = 4\dfrac{6}{12}$

(9) $2\dfrac{11}{15} - \boxed{} = 2\dfrac{4}{15}$

(10) $\boxed{} - \dfrac{6}{18} = 8\dfrac{6}{18}$

 □ 안에 알맞은 분수를 써넣으시오.

(11) $\boxed{} - 2\dfrac{2}{6} = 3\dfrac{2}{6}$

(12) $7\dfrac{3}{4} - \boxed{} = 3\dfrac{1}{4}$

(13) $8\dfrac{6}{7} - \boxed{} = 7\dfrac{3}{7}$

(14) $\boxed{} - 2\dfrac{3}{9} = 2\dfrac{4}{9}$

(15) $\boxed{} - 1\dfrac{1}{5} = 2\dfrac{3}{5}$

(16) $6\dfrac{7}{8} - \boxed{} = 3\dfrac{2}{8}$

(17) $5\dfrac{2}{4} - \boxed{} = 3\dfrac{1}{4}$

(18) $\boxed{} - 2\dfrac{1}{6} = 2\dfrac{3}{6}$

(19) $\boxed{} - 3\dfrac{8}{12} = 6\dfrac{3}{12}$

(20) $8\dfrac{12}{16} - \boxed{} = 7\dfrac{4}{16}$

(21) $8\dfrac{7}{11} - \boxed{} = 4\dfrac{3}{11}$

(22) $\boxed{} - 2\dfrac{8}{15} = 5\dfrac{6}{15}$

 **3**주 분수의 뺄셈 2

학습 체크표 매일 학습이 끝나면 채점을 하고 체크표를 작성하여 나의 실력을 알아보세요.

차시	단계	공부한 날	잘 했나요?
25차시		월 일	😊 🙂 😑 😖
26차시		월 일	😊 🙂 😑 😖
27차시		월 일	😊 🙂 😑 😖
28차시		월 일	😊 🙂 😑 😖
29차시	1단계	월 일	😊 🙂 😑 😖
30차시		월 일	😊 🙂 😑 😖
31차시		월 일	😊 🙂 😑 😖
32차시		월 일	😊 🙂 😑 😖
33차시	2단계	월 일	😊 🙂 😑 😖
34차시		월 일	😊 🙂 😑 😖
35차시	3단계	월 일	😊 🙂 😑 😖
36차시		월 일	😊 🙂 😑 😖

틀린 개수가

0~1 개이면 😊 (아주 잘함)에, 2~3 개이면 🙂 (잘함)에,

4~5 개이면 😑 (보통)에, 6개 이상이면 😖 (노력 바람)에 색칠해 주세요.

만화로 개념 알아보기

 분모가 같고 받아내림이 있는 분수의 뺄셈을 학습합니다.

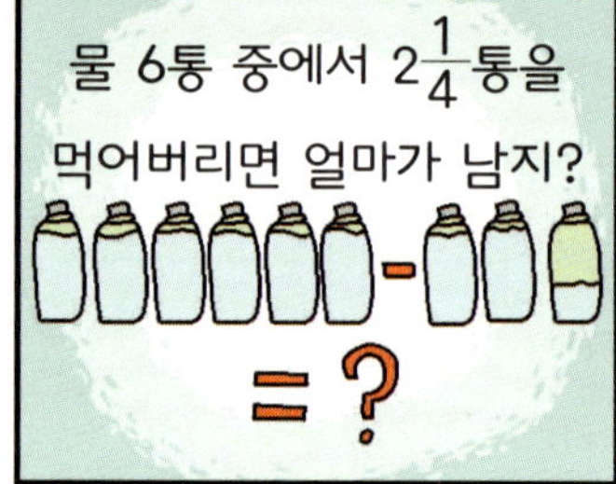

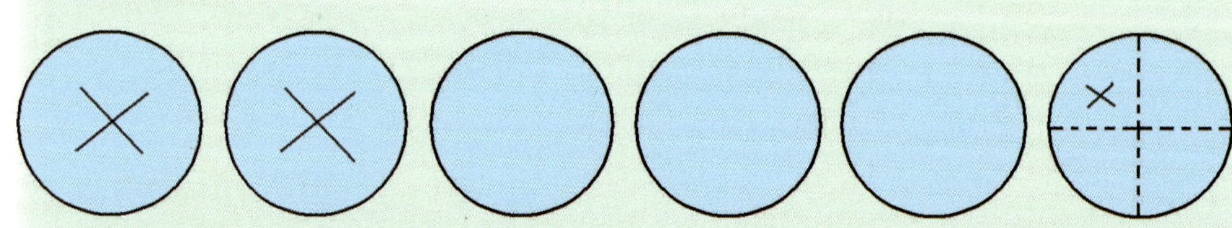

$$6-2\frac{1}{4}=5\frac{4}{4}-2\frac{1}{4}$$

6에서 1을 받아내림하여 분모가 4인 분수로 고칩니다.

$$=(5-2)+\left(\frac{4}{4}-\frac{1}{4}\right)$$

$$=3+\frac{3}{4}$$

$$=3\frac{3}{4}$$

자연수 부분에서 1을 받아내림하여 빼는 수의 분모와 같은 분수로 바꾸어 계산합니다.

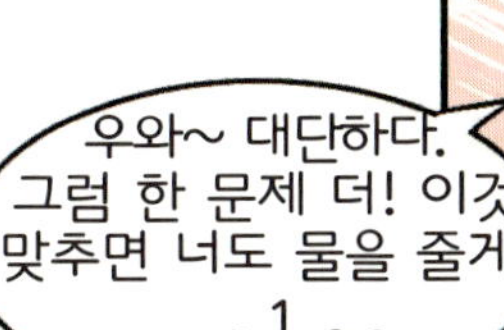

$$7-3\frac{1}{7}=6\frac{7}{7}-3\frac{1}{7}$$
$$=(6-3)+\left(\frac{7}{7}-\frac{1}{7}\right)$$
$$=3+\frac{6}{7}$$
$$=3\frac{6}{7}$$

25 차시 분수의 뺄셈 2

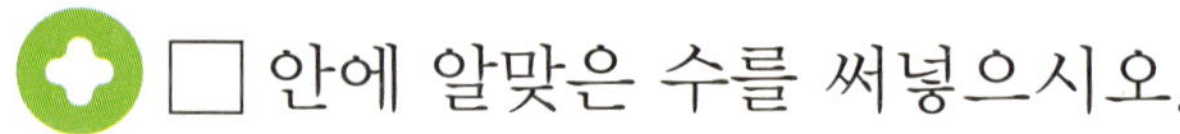 □ 안에 알맞은 수를 써넣으시오.

(1) $1 - \dfrac{3}{5} = \dfrac{5}{5} - \dfrac{3}{5} = \dfrac{\Box}{5}$

자연수 부분에서 1을 받아내림하여 빼는 수의 분모와 같은 분수로 바꾸어 계산합니다.

(2) $1 - \dfrac{2}{7} = \dfrac{\Box}{7} - \dfrac{2}{7} = \dfrac{\Box}{7}$

(3) $4 - \dfrac{4}{6} = 3\dfrac{6}{6} - \dfrac{4}{6} = 3\dfrac{\Box}{6}$

$4 = 3 + 1 = 3 + \dfrac{6}{6} = 3\dfrac{6}{6}$

(4) $7 - \dfrac{2}{3} = \Box\dfrac{\Box}{3} - \dfrac{2}{3} = 6\dfrac{\Box}{3}$

(5) $5 - 2\dfrac{1}{4} = 4\dfrac{4}{4} - 2\dfrac{1}{4} = \Box\dfrac{\Box}{4}$

(6) $9 - 5\dfrac{6}{8} = \Box\dfrac{\Box}{8} - 5\dfrac{6}{8} = \Box\dfrac{\Box}{8}$

 (자연수)−(진분수), (자연수)−(대분수)의 계산은 자연수 부분에서 1을 받아내림하여 빼는 수의 분모와 같은 분수로 바꾸어 계산합니다.

✚ 분수의 뺄셈을 하시오.

(7) $\quad 1 - \dfrac{1}{2} = \dfrac{\square}{2}$

(8) $\quad 6 - 2\dfrac{1}{2} = \square\dfrac{\square}{2}$

(9) $\quad 1 - \dfrac{5}{8} =$

(10) $\quad 8 - 3\dfrac{3}{8} =$

(11) $\quad 2 - \dfrac{2}{6} =$

(12) $\quad 4 - 1\dfrac{3}{6} =$

(13) $\quad 8 - \dfrac{5}{7} =$

(14) $\quad 6 - 2\dfrac{4}{7} =$

(15) $\quad 5 - \dfrac{6}{9} =$

(16) $\quad 7 - 4\dfrac{2}{9} =$

(17) $\quad 9 - \dfrac{2}{4} =$

(18) $\quad 3 - 1\dfrac{1}{4} =$

26 차시 분수의 뺄셈 2

분수의 뺄셈을 하시오.

(1) $6 - \dfrac{4}{5} =$

(2) $8 - 3\dfrac{2}{5} =$

(3) $4 - \dfrac{2}{7} =$

(4) $9 - 5\dfrac{5}{7} =$

(5) $1 - \dfrac{3}{8} =$

(6) $4 - 2\dfrac{5}{8} =$

(7) $7 - \dfrac{1}{4} =$

(8) $7 - 6\dfrac{2}{4} =$

(9) $3 - \dfrac{5}{6} =$

(10) $6 - 1\dfrac{3}{6} =$

(11) $8 - \dfrac{4}{9} =$

(12) $9 - 4\dfrac{8}{9} =$

○ 분수의 뺄셈을 하시오.

(13) $3 - \dfrac{4}{7} =$

(14) $8 - 1\dfrac{5}{7} =$

(15) $6 - \dfrac{2}{6} =$

(16) $9 - 6\dfrac{1}{6} =$

(17) $4 - \dfrac{7}{8} =$

(18) $7 - 3\dfrac{3}{8} =$

(19) $1 - \dfrac{9}{15} =$

(20) $8 - 5\dfrac{12}{15} =$

(21) $7 - \dfrac{7}{12} =$

(22) $5 - 2\dfrac{4}{12} =$

(23) $8 - \dfrac{16}{18} =$

(24) $6 - 4\dfrac{7}{18} =$

□ 안에 알맞은 수를 써넣으시오.

(1) $3\dfrac{1}{6} - \dfrac{5}{6} = 2\dfrac{7}{6} - \dfrac{5}{6} = \Box\dfrac{\Box}{6}$

진분수끼리 뺄 수 없으므로 자연수 부분의 1을 분수로 바꾸어 계산합니다.

(2) $3\dfrac{2}{7} - \dfrac{5}{7} = 2\dfrac{9}{7} - \dfrac{5}{7} = \Box\dfrac{\Box}{7}$

(3) $4\dfrac{1}{5} - \dfrac{4}{5} = 3\dfrac{\Box}{5} - \dfrac{4}{5} = \Box\dfrac{\Box}{5}$

(4) $9\dfrac{6}{9} - \dfrac{8}{9} = \Box\dfrac{\Box}{9} - \dfrac{8}{9} = \Box\dfrac{\Box}{9}$

(5) $5\dfrac{5}{8} - \dfrac{6}{8} = \Box\dfrac{\Box}{8} - \dfrac{6}{8} = \Box\dfrac{\Box}{8}$

꼭꼭 진분수끼리 뺄 수 없을 때에는 자연수 부분에서 1을 분수로 바꾸어 준 후 계산합니다.

✪ 분수의 뺄셈을 하시오.

(6) $2\dfrac{1}{5} - \dfrac{4}{5} = \boxed{}\dfrac{\boxed{}}{5}$

(7) $1\dfrac{2}{8} - \dfrac{6}{8} = \dfrac{\boxed{}}{8}$

(8) $1\dfrac{3}{6} - \dfrac{5}{6} =$

(9) $3\dfrac{1}{4} - \dfrac{3}{4} =$

(10) $5\dfrac{2}{7} - \dfrac{5}{7} =$

(11) $3\dfrac{1}{6} - \dfrac{4}{6} =$

(12) $2\dfrac{5}{8} - \dfrac{7}{8} =$

(13) $3\dfrac{4}{9} - \dfrac{6}{9} =$

(14) $4\dfrac{3}{10} - \dfrac{8}{10} =$

(15) $1\dfrac{5}{11} - \dfrac{9}{11} =$

(16) $3\dfrac{5}{14} - \dfrac{12}{14} =$

(17) $4\dfrac{8}{12} - \dfrac{9}{12} =$

분수의 뺄셈을 하시오.

(1) $4\dfrac{3}{7} - \dfrac{5}{7} =$

(2) $2\dfrac{2}{5} - \dfrac{4}{5} =$

(3) $2\dfrac{4}{8} - \dfrac{7}{8} =$

(4) $3\dfrac{1}{4} - \dfrac{3}{4} =$

(5) $1\dfrac{3}{6} - \dfrac{5}{6} =$

(6) $2\dfrac{2}{9} - \dfrac{6}{9} =$

(7) $4\dfrac{11}{13} - \dfrac{12}{13} =$

(8) $3\dfrac{13}{19} - \dfrac{16}{19} =$

(9) $2\dfrac{9}{18} - \dfrac{15}{18} =$

(10) $4\dfrac{7}{15} - \dfrac{12}{15} =$

(11) $3\dfrac{11}{16} - \dfrac{14}{16} =$

(12) $8\dfrac{13}{20} - \dfrac{15}{20} =$

 분수의 뺄셈을 하시오.

(13) $3\dfrac{3}{9} - \dfrac{6}{9} =$

(14) $5\dfrac{1}{6} - \dfrac{4}{6} =$

(15) $5\dfrac{5}{8} - \dfrac{7}{8} =$

(16) $2\dfrac{6}{9} - \dfrac{7}{9} =$

(17) $2\dfrac{2}{5} - \dfrac{3}{5} =$

(18) $1\dfrac{3}{7} - \dfrac{5}{7} =$

(19) $4\dfrac{11}{20} - \dfrac{18}{20} =$

(20) $6\dfrac{17}{25} - \dfrac{20}{25} =$

(21) $5\dfrac{7}{21} - \dfrac{19}{21} =$

(22) $2\dfrac{9}{17} - \dfrac{13}{17} =$

(23) $7\dfrac{9}{28} - \dfrac{20}{28} =$

(24) $5\dfrac{16}{23} - \dfrac{22}{23} =$

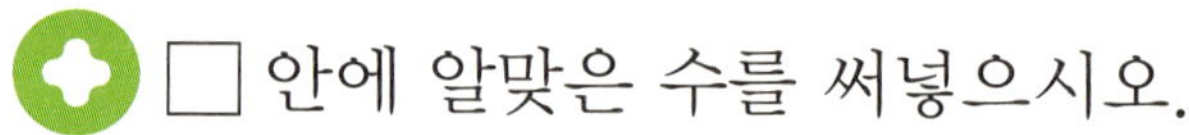

○ □ 안에 알맞은 수를 써넣으시오.

(1) $5\dfrac{3}{6} - 2\dfrac{5}{6} = 4\dfrac{9}{6} - 2\dfrac{5}{6} = \square\dfrac{\square}{6}$

진분수끼리 뺄 수 없으므로 자연수 부분의 1을 분수로 바꾸어 계산합니다.

(2) $8\dfrac{6}{9} - 5\dfrac{7}{9} = 7\dfrac{15}{9} - 5\dfrac{7}{9} = \square\dfrac{\square}{9}$

(3) $6\dfrac{1}{3} - 1\dfrac{2}{3} = 5\dfrac{\square}{3} - 1\dfrac{2}{3} = \square\dfrac{\square}{3}$

(4) $4\dfrac{3}{5} - 2\dfrac{4}{5} = \square\dfrac{\square}{5} - 2\dfrac{4}{5} = \square\dfrac{\square}{5}$

(5) $7\dfrac{4}{12} - 2\dfrac{9}{12} = \square\dfrac{\square}{12} - 2\dfrac{9}{12} = \square\dfrac{\square}{12}$

꼭꼭 자연수끼리 뺄 수 있으나, 진분수끼리 뺄 수 없으므로 자연수 부분의 1을 분수로 고쳐서 뺍니다.

➕ 분수의 뺄셈을 하시오.

(6) $3\frac{4}{7} - 1\frac{5}{7} = \square\frac{\square}{\square}$

(7) $5\frac{1}{4} - 2\frac{2}{4} = \square\frac{\square}{\square}$

(8) $3\frac{6}{9} - 1\frac{8}{9} =$

(9) $9\frac{3}{5} - 2\frac{4}{5} =$

(10) $6\frac{5}{8} - 1\frac{7}{8} =$

(11) $4\frac{2}{6} - 2\frac{5}{6} =$

(12) $5\frac{3}{9} - 1\frac{8}{9} =$

(13) $7\frac{1}{7} - 4\frac{6}{7} =$

(14) $6\frac{8}{10} - 4\frac{9}{10} =$

(15) $4\frac{7}{14} - 1\frac{12}{14} =$

(16) $5\frac{4}{13} - 1\frac{9}{13} =$

(17) $4\frac{6}{11} - 3\frac{8}{11} =$

 **30** 차시 분수의 뺄셈 2 

✿ 분수의 뺄셈을 하시오.

(1) $4\dfrac{5}{8} - 2\dfrac{6}{8} =$

(2) $3\dfrac{2}{5} - 1\dfrac{4}{5} =$

(3) $5\dfrac{4}{7} - 3\dfrac{5}{7} =$

(4) $6\dfrac{1}{6} - 2\dfrac{5}{6} =$

(5) $8\dfrac{6}{9} - 3\dfrac{8}{9} =$

(6) $7\dfrac{3}{8} - 3\dfrac{7}{8} =$

(7) $5\dfrac{1}{5} - 1\dfrac{3}{5} =$

(8) $4\dfrac{3}{7} - 2\dfrac{6}{7} =$

(9) $7\dfrac{7}{15} - 2\dfrac{13}{15} =$

(10) $5\dfrac{6}{11} - 2\dfrac{9}{11} =$

(11) $4\dfrac{11}{18} - 2\dfrac{15}{18} =$

(12) $9\dfrac{7}{14} - 2\dfrac{12}{14} =$

 분수의 뺄셈을 하시오.

(13) $3\dfrac{4}{8} - 1\dfrac{7}{8} =$

(14) $7\dfrac{2}{4} - 3\dfrac{3}{4} =$

(15) $5\dfrac{3}{6} - 2\dfrac{5}{6} =$

(16) $9\dfrac{1}{7} - 4\dfrac{6}{7} =$

(17) $6\dfrac{4}{9} - 1\dfrac{8}{9} =$

(18) $7\dfrac{2}{5} - 4\dfrac{3}{5} =$

(19) $7\dfrac{6}{14} - 2\dfrac{13}{14} =$

(20) $3\dfrac{9}{17} - 1\dfrac{14}{17} =$

(21) $9\dfrac{12}{19} - 3\dfrac{18}{19} =$

(22) $8\dfrac{11}{18} - 5\dfrac{17}{18} =$

(23) $5\dfrac{7}{22} - 4\dfrac{15}{22} =$

(24) $8\dfrac{3}{15} - 4\dfrac{12}{15} =$

31 차시 분수의 뺄셈 2

 분수의 뺄셈을 하시오.

(1)

$$5\frac{2}{4} - 3\frac{3}{4} = 1\frac{3}{4}$$

$\frac{2}{4}$에서 $\frac{3}{4}$을 뺄 수 없으므로
5에서 1을 분수로 고쳐서 뺍니다.

(2)

$$4\frac{4}{7} - \frac{6}{7}$$

(3)

$$5\frac{2}{6} - 1\frac{4}{6}$$

(4)

$$4\frac{1}{3} - 2\frac{2}{3}$$

(5)

$$6\frac{5}{9} - 3\frac{7}{9}$$

(6)

$$5\frac{2}{8} - 1\frac{6}{8}$$

(7)

$$3\frac{3}{5} - \frac{4}{5}$$

 분모가 같은 대분수의 뺄셈은 자연수는 자연수끼리, 진분수는 진분수끼리 뺍니다.
진분수끼리 뺄 수 없을 때에는 자연수 부분의 1을 분수로 고쳐서 뺍니다.

◆ 분수의 뺄셈을 하시오.

(8)

$$5\frac{3}{6} - 2\frac{5}{6} =$$

(9)

$$6\frac{2}{4} - \frac{3}{4} =$$

(10)

$$7\frac{3}{8} - 3\frac{5}{8} =$$

(11)

$$4\frac{1}{7} - \frac{4}{7} =$$

(12)

$$5\frac{2}{5} - 1\frac{4}{5} =$$

(13)

$$6\frac{3}{9} - 2\frac{7}{9} =$$

(14)

$$4\frac{5}{11} - 3\frac{9}{11} =$$

(15)

$$7\frac{3}{16} - \frac{8}{16} =$$

(16)

$$8\frac{1}{13} - 2\frac{7}{13} =$$

(17)

$$7\frac{8}{14} - \frac{11}{14} =$$

(18)

$$5\frac{11}{17} - 1\frac{14}{17} =$$

(19)

$$6\frac{12}{25} - 3\frac{21}{25} =$$

분수의 뺄셈 2

➕ 분수의 뺄셈을 하시오.

(1)

$$5\tfrac{3}{6} - 2\tfrac{4}{6}$$

$\dfrac{3}{6}$ 에서 $\dfrac{4}{6}$ 를 뺄 수 없으므로

5에서 1을 분수로 고쳐서 뺍니다.

(2)

$$8\tfrac{1}{4} - \tfrac{3}{4}$$

(3)

$$4\tfrac{2}{7} - 2\tfrac{6}{7}$$

(4)

$$5\tfrac{3}{5} - 4\tfrac{4}{5}$$

(5)

$$7\tfrac{7}{16} - 4\tfrac{13}{16}$$

(6)

$$6\tfrac{8}{18} - \tfrac{12}{18}$$

(7)

$$4\tfrac{5}{13} - 1\tfrac{11}{13}$$

(8)

$$2\tfrac{12}{17} - \tfrac{16}{17}$$

(9)

$$8\tfrac{11}{21} - 3\tfrac{19}{21}$$

(10)

$$3\tfrac{8}{15} - 2\tfrac{13}{15}$$

 분수의 뺄셈을 하시오.

(11)
$$6\frac{1}{3} - 2\frac{2}{3}$$

(12)
$$4\frac{3}{8} - 1\frac{7}{8}$$

(13)
$$7\frac{2}{5} - 3\frac{4}{5}$$

(14)
$$9\frac{3}{7} - 2\frac{6}{7}$$

(15)
$$4\frac{4}{9} - 2\frac{8}{9}$$

(16)
$$4\frac{2}{4} - \frac{3}{4}$$

(17)
$$7\frac{8}{17} - 1\frac{15}{17}$$

(18)
$$5\frac{6}{14} - \frac{9}{14}$$

(19)
$$4\frac{3}{12} - 2\frac{7}{12}$$

(20)
$$8\frac{12}{25} - \frac{17}{25}$$

(21)
$$6\frac{13}{20} - 3\frac{17}{20}$$

(22)
$$3\frac{9}{18} - 2\frac{14}{18}$$

3^주

✿ 빈칸에 알맞은 수를 써넣으시오.

−	1	3	8	5
$\frac{2}{5}$	$\frac{3}{5}$	$2\frac{3}{5}$		

−	$3\frac{1}{9}$	$6\frac{3}{9}$	$5\frac{4}{9}$	$4\frac{5}{9}$
$\frac{7}{9}$				

−	$4\frac{8}{13}$	$6\frac{3}{13}$	$5\frac{6}{13}$	$8\frac{1}{13}$
$2\frac{9}{13}$				

 가로줄의 수에서 세로줄의 수를 뺀 값을 빈칸에 써넣도록 합니다. 지금까지 충분한 연습을 하였으므로 따로 식을 세우지 말고 암산으로 계산하도록 합니다.

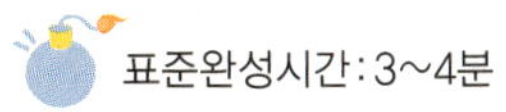

✚ 빈칸에 알맞은 수를 써넣으시오.

$-$	5	8	6	10
$2\frac{3}{4}$				

$-$	$8\frac{13}{17}$	$4\frac{5}{17}$	$7\frac{8}{17}$	$9\frac{11}{17}$
$3\frac{15}{17}$				

$-$	$6\frac{13}{18}$	$9\frac{9}{18}$	$7\frac{14}{18}$	$8\frac{3}{18}$
$3\frac{17}{18}$				

➕ 빈칸에 알맞은 수를 써넣으시오.

5	$-$	$1\frac{3}{8}$	$=$	$3\frac{5}{8}$
$-$		$-$		$-$
$2\frac{2}{8}$	$-$	$\frac{4}{8}$	$=$	
$=$		$=$		$=$
	$-$		$=$	

✿ 빈칸에 알맞은 수를 써넣으시오.

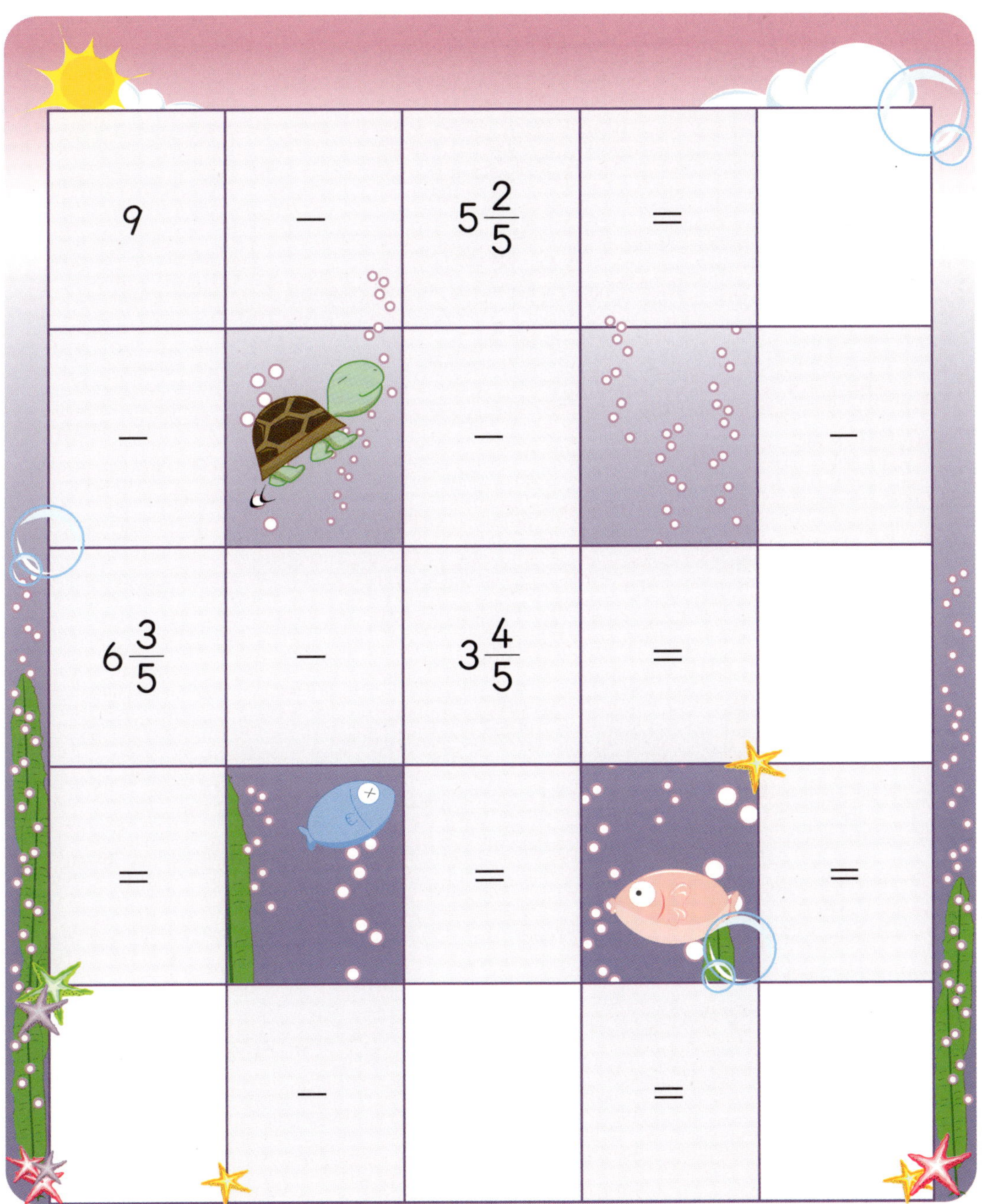

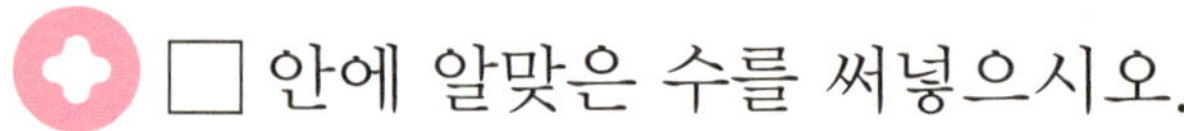

□ 안에 알맞은 수를 써넣으시오.

(1) $1 - \dfrac{\square}{6} = \dfrac{4}{6}$

자연수 1을 분모가 6인 분수로 고쳐 분자끼리의 차를 이용하여 □ 안의 수를 구합니다.
$6 - \square = 4 \rightarrow \square = 2$

(2) $1 - \dfrac{\square}{5} = \dfrac{2}{5}$

자연수 1을 분모가 5인 분수로 고쳐 분자끼리의 차를 이용하여 □ 안의 수를 구합니다.
$5 - \square = 2 \rightarrow \square = 3$

(3) $1 - \dfrac{\square}{9} = \dfrac{5}{9}$

(4) $6 - \dfrac{\square}{4} = 5\dfrac{1}{4}$

(5) $1 - \dfrac{\square}{8} = \dfrac{5}{8}$

(6) $7 - \dfrac{\square}{7} = 6\dfrac{2}{7}$

(7) $1 - \dfrac{\square}{12} = \dfrac{7}{12}$

(8) $5 - \dfrac{\square}{10} = 4\dfrac{3}{10}$

꼭꼭 자연수 부분의 1을 빼는 수의 분모와 같은 분수로 바꾸어 계산하였습니다.
분자끼리의 차를 생각해 보고 □ 안의 수를 구합니다.

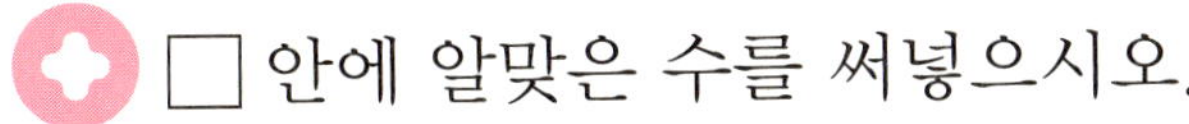

□ 안에 알맞은 수를 써넣으시오.

(9)　$8 - 2\dfrac{\square}{7} = 5\dfrac{3}{7}$

(10)　$6 - 2\dfrac{\square}{4} = 3\dfrac{2}{4}$

(11)　$9 - 3\dfrac{\square}{6} = 5\dfrac{1}{6}$

(12)　$10 - 4\dfrac{\square}{8} = 5\dfrac{3}{8}$

(13)　$5 - 2\dfrac{\square}{3} = 2\dfrac{1}{3}$

(14)　$7 - 5\dfrac{\square}{7} = 1\dfrac{1}{7}$

(15)　$6 - 1\dfrac{\square}{8} = 4\dfrac{5}{8}$

(16)　$8 - 3\dfrac{\square}{5} = 4\dfrac{2}{5}$

(17)　$9 - 4\dfrac{\square}{14} = 4\dfrac{6}{14}$

(18)　$\square - 2\dfrac{9}{11} = 2\dfrac{2}{11}$

(19)　$\square - 5\dfrac{11}{16} = 5\dfrac{5}{16}$

(20)　$12 - 7\dfrac{\square}{12} = 4\dfrac{5}{12}$

36 차시 **분수의 뺄셈 2** 　　　　　　　　　　**3**단계

 안에 알맞은 수를 써넣으시오.

(1) $5\dfrac{1}{5} - \dfrac{\square}{5} = 4\dfrac{3}{5}$

진분수끼리 뺄 수 없으므로 자연수 부분의 1을 분수로 고쳐 분자끼리의 차를 이용하여 $\square$ 안의 수를 구합니다.
$1+5-\square=3 \rightarrow \square=3$

(2) $7\dfrac{\square}{9} - \dfrac{6}{9} = 6\dfrac{8}{9}$

$\square+9-6=8 \rightarrow \square=5$

(3) $6\dfrac{1}{3} - \dfrac{\square}{3} = 5\dfrac{2}{3}$

(4) $9\dfrac{\square}{7} - \dfrac{6}{7} = 8\dfrac{2}{7}$

(5) $8\dfrac{\square}{6} - \dfrac{4}{6} = 7\dfrac{4}{6}$

(6) $7\dfrac{2}{9} - \dfrac{\square}{9} = 6\dfrac{4}{9}$

(7) $5\dfrac{5}{19} - \dfrac{\square}{19} = 4\dfrac{15}{19}$

(8) $4\dfrac{\square}{12} - \dfrac{8}{12} = 3\dfrac{8}{12}$

(9) $3\dfrac{\square}{14} - \dfrac{12}{14} = 2\dfrac{10}{14}$

(10) $8\dfrac{6}{17} - \dfrac{\square}{17} = 7\dfrac{10}{17}$

 □ 안에 알맞은 분수를 써넣으시오.

(11) $7\dfrac{2}{4} - \boxed{} = 4\dfrac{3}{4}$

(12) $6\dfrac{3}{6} - \boxed{} = 3\dfrac{4}{6}$

(13) $\boxed{} - 1\dfrac{2}{3} = 6\dfrac{2}{3}$

(14) $\boxed{} - 4\dfrac{6}{7} = 4\dfrac{4}{7}$

(15) $5\dfrac{3}{8} - \boxed{} = 1\dfrac{5}{8}$

(16) $3\dfrac{2}{5} - \boxed{} = 1\dfrac{3}{5}$

(17) $\boxed{} - 2\dfrac{4}{6} = 1\dfrac{4}{6}$

(18) $\boxed{} - 2\dfrac{8}{9} = 2\dfrac{3}{9}$

(19) $8\dfrac{7}{16} - \boxed{} = 6\dfrac{13}{16}$

(20) $8\dfrac{6}{12} - \boxed{} = 6\dfrac{9}{12}$

(21) $\boxed{} - 5\dfrac{9}{15} = 3\dfrac{12}{15}$

(22) $\boxed{} - 4\dfrac{8}{11} = 2\dfrac{8}{11}$

 **4**주 세 분수의 덧셈과 뺄셈

 매일 학습이 끝나면 채점을 하고 체크표를 작성하여 나의 실력을 알아보세요.

차시	단계	공부한 날	잘 했나요?			
37차시	1단계	월 일	☺	☺	😐	😣
38차시		월 일	☺	☺	😐	😣
39차시		월 일	☺	☺	😐	😣
40차시		월 일	☺	☺	😐	😣
41차시		월 일	☺	☺	😐	😣
42차시		월 일	☺	☺	😐	😣
43차시		월 일	☺	☺	😐	😣
44차시		월 일	☺	☺	😐	😣
45차시	2단계	월 일	☺	☺	😐	😣
46차시		월 일	☺	☺	😐	😣
47차시	3단계	월 일	☺	☺	😐	😣
48차시		월 일	☺	☺	😐	😣

0~1개이면 ☺ (아주 잘함)에, 2~3개이면 ☺ (잘함)에,

4~5개이면 😐 (보통)에, 6개 이상이면 😣 (노력 바람)에 색칠해 주세요.

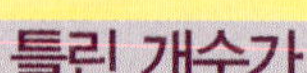

분모가 같은 세 분수의 덧셈과 뺄셈을 학습합니다.

$$2\frac{3}{10}+3\frac{5}{10}+\frac{2}{10}$$
$$=(2+3)+\left(\frac{3}{10}+\frac{5}{10}+\frac{2}{10}\right)$$
$$=5+\frac{10}{10}$$
$$=6$$

물을 모두 모으면
딱 6통이 되는구나~
와아—.
자~ 그럼 나머지 물통에
물 받으러 가자~
에이~ 우리가 왜!

우리 이 문제를 맞히는 사람은 여기서 쉬면서 기다리기로 할까?
맞힐 수 있을까?
흠 흠

주훈이와 나는 색 테이프를 가지고 있었어. 내 색 테이프
5m 중에서 $\frac{3}{5}$m를 사용하고~
난~ 지영!
남은 것에 내 색 테이프 $1\frac{4}{5}$m를 이어 붙인 다음
난 주훈!

$2\frac{2}{5}$m를 더 사용하면
남은 색 테이프의 길이는?
그 답은 내가 알아.

● 지영이가 사용하고 남은 색 테이프의 길이

$$5-\frac{3}{5}=4\frac{5}{5}-\frac{3}{5}=4\frac{2}{5}\,(\text{m})$$

● 주훈이가 이어 붙인 후의 색 테이프의 길이

$$4\frac{2}{5}+1\frac{4}{5}=5\frac{6}{5}=6\frac{1}{5}\,(\text{m})$$

● $2\frac{2}{5}$ m를 더 사용하고 남은 색 테이프의 길이

$$6\frac{1}{5}-2\frac{2}{5}=5\frac{6}{5}-2\frac{2}{5}=3\frac{4}{5}\,(\text{m})$$

⇨ 남은 색 테이프의 길이는 $3\frac{4}{5}$ m입니다.

37차시 세 분수의 덧셈과 뺄셈 **1**단계

◆ □ 안에 알맞은 수를 써넣으시오.

(1) $\dfrac{1}{8} + \dfrac{3}{8} + \dfrac{2}{8} = \dfrac{1+3+2}{8} = \dfrac{\square}{8}$

세 분수를 한꺼번에 더합니다.

(2) $\dfrac{3}{5} + \dfrac{1}{5} + \dfrac{4}{5} = \dfrac{3+1+4}{5} = \dfrac{\square}{5} = \square\dfrac{\square}{5}$

(3) $\dfrac{4}{6} + \dfrac{2}{6} + \dfrac{5}{6} = \dfrac{4+2+5}{6} = \dfrac{\square}{6} = \square\dfrac{\square}{6}$

(4) $\dfrac{4}{9} + \dfrac{3}{9} + \dfrac{1}{9} = \dfrac{\square}{9} + \dfrac{1}{9} = \dfrac{\square}{9}$

앞에서부터 두 분수씩 차례로 더합니다.

(5) $\dfrac{2}{7} + \dfrac{4}{7} + \dfrac{5}{7} = \dfrac{\square}{7} + \dfrac{5}{7} = \dfrac{\square}{7} = \square\dfrac{\square}{7}$

(6) $\dfrac{6}{10} + \dfrac{3}{10} + \dfrac{8}{10} = \dfrac{\square}{10} + \dfrac{8}{10} = \dfrac{\square}{10} = \square\dfrac{\square}{10}$

 분모가 같은 세 분수의 덧셈은 세 분수를 한꺼번에 더하거나 두 분수씩 차례로 더합니다.

 분수의 덧셈을 하시오.

(7) $\dfrac{2}{8} + \dfrac{3}{8} + \dfrac{2}{8} =$

(8) $\dfrac{1}{9} + \dfrac{3}{9} + \dfrac{3}{9} =$

(9) $\dfrac{5}{11} + \dfrac{1}{11} + \dfrac{3}{11} =$

(10) $\dfrac{3}{13} + \dfrac{2}{13} + \dfrac{4}{13} =$

(11) $\dfrac{1}{10} + \dfrac{2}{10} + \dfrac{5}{10} =$

(12) $\dfrac{4}{15} + \dfrac{2}{15} + \dfrac{5}{15} =$

 분수의 덧셈을 하시오.

(1) $\dfrac{1}{3} + \dfrac{2}{3} + \dfrac{1}{3} =$

(2) $\dfrac{3}{5} + \dfrac{4}{5} + \dfrac{2}{5} =$

(3) $\dfrac{4}{7} + \dfrac{5}{7} + \dfrac{3}{7} =$

(4) $\dfrac{3}{8} + \dfrac{6}{8} + \dfrac{4}{8} =$

(5) $\dfrac{4}{10} + \dfrac{9}{10} + \dfrac{5}{10} =$

(6) $\dfrac{7}{14} + \dfrac{8}{14} + \dfrac{4}{14} =$

 분수의 덧셈을 하시오.

(7) $\dfrac{5}{8} + \dfrac{3}{8} + \dfrac{7}{8} =$

(8) $\dfrac{4}{5} + \dfrac{1}{5} + \dfrac{3}{5} =$

(9) $\dfrac{2}{6} + \dfrac{5}{6} + \dfrac{3}{6} =$

(10) $\dfrac{5}{7} + \dfrac{4}{7} + \dfrac{6}{7} =$

(11) $\dfrac{8}{16} + \dfrac{9}{16} + \dfrac{5}{16} =$

(12) $\dfrac{9}{18} + \dfrac{4}{18} + \dfrac{7}{18} =$

39 차시 세 분수의 덧셈과 뺄셈

 분수의 덧셈을 하시오.

(1) $\dfrac{2}{7} + 3\dfrac{1}{7} + \dfrac{3}{7} =$

(2) $2\dfrac{3}{4} + \dfrac{2}{4} + \dfrac{1}{4} =$

(3) $\dfrac{2}{5} + \dfrac{3}{5} + 1\dfrac{1}{5} =$

(4) $5\dfrac{2}{8} + \dfrac{5}{8} + 3\dfrac{4}{8} =$

(5) $\dfrac{1}{9} + 1\dfrac{2}{9} + 2\dfrac{4}{9} =$

(6) $2\dfrac{3}{6} + 3\dfrac{5}{6} + \dfrac{2}{6} =$

 분모가 같은 세 분수의 덧셈은 세 분수를 한꺼번에 더하거나 두 분수씩 차례로 더합니다. 진분수끼리의 합이 가분수이면 대분수로 고쳐 줍니다.

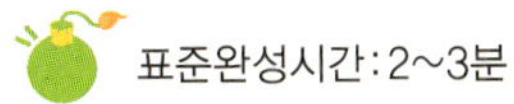

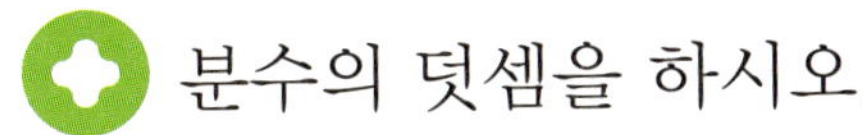

● 분수의 덧셈을 하시오.

(7) $\dfrac{4}{8} + \dfrac{1}{8} + 4\dfrac{1}{8} =$

(8) $4\dfrac{2}{7} + \dfrac{1}{7} + \dfrac{3}{7} =$

(9) $\dfrac{3}{12} + 4\dfrac{4}{12} + \dfrac{4}{12} =$

(10) $\dfrac{7}{16} + 4\dfrac{2}{16} + 4\dfrac{4}{16} =$

(11) $4\dfrac{5}{20} + \dfrac{3}{20} + 4\dfrac{8}{20} =$

(12) $4\dfrac{8}{21} + 4\dfrac{4}{21} + \dfrac{6}{21} =$

➕ 분수의 덧셈을 하시오.

(1) $\dfrac{4}{5} + \dfrac{2}{5} + 2\dfrac{3}{5} =$

(2) $5\dfrac{3}{8} + \dfrac{5}{8} + \dfrac{2}{8} =$

(3) $\dfrac{4}{6} + 3\dfrac{2}{6} + \dfrac{3}{6} =$

(4) $4\dfrac{4}{7} + \dfrac{3}{7} + 2\dfrac{5}{7} =$

(5) $\dfrac{5}{10} + 1\dfrac{6}{10} + 4\dfrac{4}{10} =$

(6) $5\dfrac{8}{12} + 2\dfrac{2}{12} + \dfrac{9}{12} =$

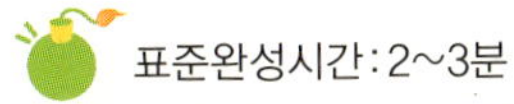 분수의 덧셈을 하시오.

(7) $\quad 1\dfrac{4}{9} + 3\dfrac{1}{9} + 2\dfrac{2}{9} =$

(8) $\quad 2\dfrac{2}{5} + 4\dfrac{3}{5} + 1\dfrac{4}{5} =$

(9) $\quad 5\dfrac{3}{7} + 1\dfrac{1}{7} + 2\dfrac{5}{7} =$

(10) $\quad 3\dfrac{4}{6} + 2\dfrac{3}{6} + 2\dfrac{4}{6} =$

(11) $\quad 1\dfrac{2}{13} + 2\dfrac{8}{13} + 4\dfrac{7}{13} =$

(12) $\quad 4\dfrac{6}{11} + 1\dfrac{8}{11} + 3\dfrac{7}{11} =$

 □ 안에 알맞은 수를 써넣으시오.

(1) $\dfrac{8}{9} - \dfrac{2}{9} - \dfrac{3}{9} = \dfrac{8-2-3}{9} = \dfrac{\square}{9}$

세 분수를 한꺼번에 뺍니다.

(2) $\dfrac{12}{13} - \dfrac{5}{13} - \dfrac{4}{13} = \dfrac{12-5-4}{13} = \dfrac{\square}{13}$

(3) $\dfrac{13}{15} - \dfrac{3}{15} - \dfrac{6}{15} = \dfrac{13-3-6}{15} = \dfrac{\square}{15}$

(4) $\dfrac{7}{8} - \dfrac{2}{8} - \dfrac{3}{8} = \dfrac{\square}{8} - \dfrac{3}{8} = \dfrac{\square}{8}$

앞에서부터 두 분수씩 차례로 뺍니다.

(5) $\dfrac{15}{16} - \dfrac{7}{16} - \dfrac{4}{16} = \dfrac{\square}{16} - \dfrac{4}{16} = \dfrac{\square}{16}$

(6) $\dfrac{17}{19} - \dfrac{9}{19} - \dfrac{5}{19} = \dfrac{\square}{19} - \dfrac{5}{19} = \dfrac{\square}{19}$

 분모가 같은 세 분수의 뺄셈은 세 분수를 한꺼번에 빼거나 두 분수씩 차례로 뺍니다.

 분수의 뺄셈을 하시오.

(7)　$\dfrac{7}{8} - \dfrac{2}{8} - \dfrac{4}{8} =$

(8)　$\dfrac{8}{9} - \dfrac{3}{9} - \dfrac{2}{9} =$

(9)　$\dfrac{9}{10} - \dfrac{1}{10} - \dfrac{4}{10} =$

(10)　$\dfrac{11}{14} - \dfrac{4}{14} - \dfrac{3}{14} =$

(11)　$\dfrac{14}{17} - \dfrac{5}{17} - \dfrac{6}{17} =$

(12)　$\dfrac{12}{16} - \dfrac{3}{16} - \dfrac{6}{16} =$

 분수의 뺄셈을 하시오.

(1) $1\dfrac{2}{7} - \dfrac{4}{7} - \dfrac{3}{7} = \dfrac{\square}{7} - \dfrac{4}{7} - \dfrac{3}{7} = \dfrac{\square}{7}$

(2) $4\dfrac{4}{9} - \dfrac{5}{9} - \dfrac{7}{9} = 3\dfrac{\square}{9} - \dfrac{5}{9} - \dfrac{7}{9} = \square\dfrac{\square}{9}$

(3) $3\dfrac{2}{5} - \dfrac{3}{5} - \dfrac{4}{5} =$

(4) $5\dfrac{3}{6} - \dfrac{5}{6} - \dfrac{3}{6} =$

(5) $7\dfrac{5}{16} - \dfrac{7}{16} - \dfrac{9}{16} =$

(6) $6\dfrac{6}{14} - \dfrac{5}{14} - \dfrac{8}{14} =$

✚ 분수의 뺄셈을 하시오.

(7) $1\dfrac{3}{5} - \dfrac{2}{5} - \dfrac{4}{5} =$

(8) $3\dfrac{4}{8} - \dfrac{2}{8} - \dfrac{5}{8} =$

(9) $7\dfrac{3}{7} - \dfrac{2}{7} - \dfrac{6}{7} =$

(10) $8\dfrac{1}{9} - \dfrac{5}{9} - \dfrac{8}{9} =$

(11) $6\dfrac{5}{14} - \dfrac{10}{14} - \dfrac{8}{14} =$

(12) $9\dfrac{7}{17} - \dfrac{9}{17} - \dfrac{13}{17} =$

 분수의 뺄셈을 하시오.

(1) $6\dfrac{4}{7} - 2\dfrac{3}{7} - \dfrac{5}{7} = \boxed{\ }\dfrac{\boxed{\ }}{7} - \dfrac{5}{7} = \boxed{\ }\dfrac{\boxed{\ }}{7}$

앞에서부터 두 분수씩 차례로 뺍니다.

(2) $5\dfrac{2}{4} - \dfrac{3}{4} - 2\dfrac{1}{4} =$

(3) $8\dfrac{3}{5} - 3\dfrac{4}{5} - \dfrac{2}{5} =$

(4) $7\dfrac{4}{9} - 4\dfrac{7}{9} - \dfrac{4}{9} =$

(5) $5\dfrac{4}{6} - \dfrac{3}{6} - 1\dfrac{3}{6} =$

(6) $9\dfrac{2}{8} - \dfrac{5}{8} - 4\dfrac{1}{8} =$

 분모가 같은 세 분수의 뺄셈은 앞에서부터 차례로 두 수씩 뺍니다.

➕ 분수의 뺄셈을 하시오.

(7) $7\dfrac{4}{6} - 3\dfrac{3}{6} - \dfrac{5}{6} =$

(8) $6\dfrac{3}{8} - \dfrac{2}{8} - 3\dfrac{4}{8} =$

(9) $7\dfrac{3}{5} - 2\dfrac{2}{5} - \dfrac{4}{5} =$

(10) $9\dfrac{5}{7} - \dfrac{3}{7} - 5\dfrac{4}{7} =$

(11) $5\dfrac{7}{11} - \dfrac{5}{11} - 1\dfrac{8}{11} =$

(12) $5\dfrac{9}{15} - 3\dfrac{5}{15} - \dfrac{8}{15} =$

44 ^{차시} 세 분수의 덧셈과 뺄셈

 분수의 뺄셈을 하시오.

(1) $\quad 7\dfrac{2}{6} - \dfrac{5}{6} - 4\dfrac{4}{6} =$

(2) $\quad 8\dfrac{1}{7} - 3\dfrac{6}{7} - \dfrac{5}{7} =$

(3) $\quad 5\dfrac{3}{8} - \dfrac{7}{8} - 2\dfrac{6}{8} =$

(4) $\quad 9\dfrac{1}{5} - \dfrac{3}{5} - 4\dfrac{4}{5} =$

(5) $\quad 6\dfrac{4}{18} - 1\dfrac{11}{18} - \dfrac{16}{18} =$

(6) $\quad 8\dfrac{7}{20} - \dfrac{19}{20} - 2\dfrac{18}{20} =$

분수의 뺄셈을 하시오.　　　　　　　　　　　　　　　　　G5

(7) $8\dfrac{3}{5} - 1\dfrac{1}{5} - 2\dfrac{4}{5} =$

(8) $6\dfrac{2}{3} - 3\dfrac{1}{3} - 2\dfrac{2}{3} =$

(9) $9\dfrac{2}{7} - 4\dfrac{5}{7} - 1\dfrac{6}{7} =$

(10) $8\dfrac{1}{8} - 2\dfrac{7}{8} - 3\dfrac{4}{8} =$

(11) $9\dfrac{5}{13} - 3\dfrac{12}{13} - 4\dfrac{10}{13} =$

(12) $5\dfrac{8}{17} - 1\dfrac{12}{17} - 2\dfrac{15}{17} =$

➕ 빈칸에 알맞은 수를 써넣으시오.

$3\frac{4}{7}$	$1\frac{5}{6}$	$4\frac{6}{9}$	$2\frac{3}{5}$
$+\ \frac{5}{7}$	$+\ \frac{3}{6}$	$+\ \frac{7}{9}$	$+\ \frac{3}{5}$
$+1\frac{4}{7}$	$+\ \frac{3}{6}$	$1\frac{3}{9}$	$3\frac{3}{5}$

꼭꼭 분수의 덧셈을 하여 빈칸에 써넣도록 합니다. 지금까지 충분한 연습을 하였으므로 따로 식을 세우지 말고 암산으로 계산하도록 합니다.

 빈칸에 알맞은 수를 써넣으시오.

$2\dfrac{2}{4}$	$1\dfrac{3}{6}$	$3\dfrac{5}{7}$	$4\dfrac{3}{8}$
$+\;\dfrac{3}{4}$	$+\;\dfrac{5}{6}$	$+\;\dfrac{6}{7}$	$+\;\dfrac{7}{8}$
$+\;\dfrac{2}{4}$	$+\;\dfrac{2}{6}$	$+\;\dfrac{3}{7}$	$+\;\dfrac{4}{8}$
$+\;\dfrac{3}{4}$	$+\;\dfrac{3}{6}$	$+\;\dfrac{5}{7}$	$+\;\dfrac{7}{8}$

➕ 빈칸에 알맞은 수를 써넣으시오.

$9\dfrac{2}{6}$	$8\dfrac{3}{5}$	$7\dfrac{5}{9}$	$5\dfrac{3}{7}$
$-\ \dfrac{4}{6}$	$-\ \dfrac{3}{5}$	$-\ \dfrac{7}{9}$	$-\ \dfrac{5}{7}$
$-\ \dfrac{5}{6}$	$-\ \dfrac{4}{5}$	$-\ \dfrac{7}{9}$	$-\ \dfrac{4}{7}$
$-\ \dfrac{3}{6}$	$-\ \dfrac{3}{5}$	$-\ \dfrac{5}{9}$	$-\ \dfrac{3}{7}$

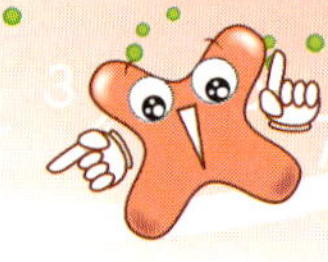

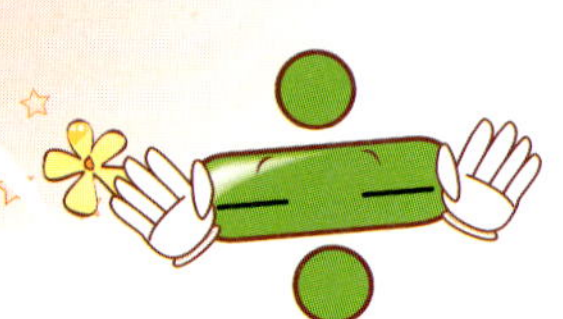

❖ 빈칸에 알맞은 수를 써넣으시오.

$3\frac{4}{9}$	$5\frac{5}{6}$	$2\frac{5}{8}$	$4\frac{2}{4}$
$+2\frac{7}{9}$	$+2\frac{4}{6}$	$+4\frac{4}{8}$	$+2\frac{3}{4}$
$-4\frac{6}{9}$	$-5\frac{4}{6}$	$-3\frac{6}{8}$	$-2\frac{1}{4}$
$+2\frac{8}{9}$	$+3\frac{5}{6}$	$+1\frac{7}{8}$	$+4\frac{3}{4}$

세 분수의 덧셈과 뺄셈

3단계

✿ 빈칸에 알맞은 수를 써넣으시오.

$5\dfrac{3}{7}$	$+$	$4\dfrac{5}{7}$	$-$	$2\dfrac{6}{7}$	$=$	
$-$		$+$		$-$		
$3\dfrac{4}{7}$	$-$	$2\dfrac{6}{7}$	$+$	$1\dfrac{3}{7}$	$=$	
$+$		$-$		$+$		
$1\dfrac{5}{7}$	$+$	$4\dfrac{3}{7}$	$-$	$3\dfrac{3}{7}$	$=$	
$=$		$=$		$=$		

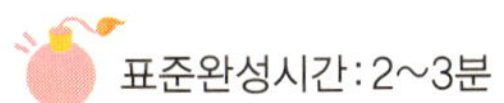

빈칸에 알맞은 수를 써넣으시오.

$6\frac{3}{9}$	$-$	$3\frac{5}{9}$	$+$	$2\frac{8}{9}$	$=$
$+$		$-$		$+$	
$1\frac{7}{9}$	$+$	$2\frac{6}{9}$	$-$	$3\frac{5}{9}$	$=$
$-$		$+$		$-$	
$4\frac{2}{9}$	$-$	$2\frac{7}{9}$	$+$	$5\frac{7}{9}$	$=$
$=$		$=$		$=$	

□ 안에 알맞은 수를 써넣으시오.

(1) $\dfrac{3}{7} + \dfrac{\Box}{7} + \dfrac{2}{7} = \dfrac{6}{7}$

분자끼리의 합을 보고 □ 안의 수를 구합니다.
$3+\Box+2=6 \rightarrow \Box=1$

(2) $\dfrac{\Box}{8} + \dfrac{2}{8} + \dfrac{2}{8} = \dfrac{7}{8}$

(3) $\dfrac{2}{9} + \dfrac{4}{9} + \dfrac{\Box}{9} = \dfrac{8}{9}$

(4) $\dfrac{\Box}{5} + \dfrac{4}{5} + \dfrac{2}{5} = 1\dfrac{4}{5}$

분자끼리의 합을 보고 □ 안의 수를 구합니다.
$\Box+4+2=9 \rightarrow \Box=3$

(5) $\dfrac{4}{7} + \dfrac{\Box}{7} + \dfrac{5}{7} = 1\dfrac{5}{7}$

(6) $\dfrac{5}{6} + \dfrac{2}{6} + \dfrac{\Box}{6} = 1\dfrac{5}{6}$

 진분수끼리의 합이 대분수인 것에 주의하고, 분자끼리의 합을 생각해 보고 □ 안의 수를 구합니다.

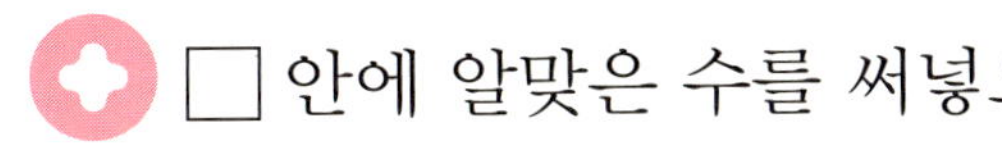 □ 안에 알맞은 수를 써넣으시오.

(7) $\dfrac{\square}{9} - \dfrac{2}{9} - \dfrac{4}{9} = \dfrac{2}{9}$

(8) $\dfrac{7}{8} - \dfrac{\square}{8} - \dfrac{2}{8} = \dfrac{1}{8}$

(9) $\dfrac{11}{12} - \dfrac{5}{12} - \dfrac{\square}{12} = \dfrac{2}{12}$

(10) $7\dfrac{5}{8} - \dfrac{4}{8} - \dfrac{\square}{8} = 6\dfrac{3}{8}$

(11) $4\dfrac{3}{9} - \dfrac{\square}{9} - \dfrac{4}{9} = 3\dfrac{2}{9}$

(12) $8\dfrac{\square}{10} - \dfrac{7}{10} - \dfrac{9}{10} = 6\dfrac{9}{10}$

✿ 계산을 하시오.

(1) $2\dfrac{4}{7} + 3\dfrac{5}{7} =$

(2) $1\dfrac{3}{4} + 2\dfrac{2}{4} =$

(3) $3\dfrac{6}{9} + 1\dfrac{5}{9} =$

(4) $1\dfrac{3}{5} + 2\dfrac{4}{5} =$

(5) $1\dfrac{5}{8} + 6\dfrac{7}{8} =$

(6) $4\dfrac{3}{6} + 2\dfrac{5}{6} =$

(7) $5\dfrac{8}{9} + 1\dfrac{5}{9} =$

(8) $2\dfrac{6}{7} + 4\dfrac{6}{7} =$

(9) $3\dfrac{8}{10} + 4\dfrac{9}{10} =$

(10) $1\dfrac{12}{14} + 4\dfrac{7}{14} =$

(11) $1\dfrac{7}{13} + 5\dfrac{9}{13} =$

(12) $4\dfrac{6}{11} + 3\dfrac{8}{11} =$

틀린 개수	0~1	2~4	5~9	10개 이상
평가	아주 잘함	잘함	보통	노력 바람

채점을 하고, 틀린 개수에 맞게 ○표 하세요.

(13) $4\dfrac{7}{8} - 3\dfrac{5}{8} =$

(14) $2\dfrac{3}{5} - 1\dfrac{2}{5} =$

(15) $4\dfrac{6}{7} - 3\dfrac{4}{7} =$

(16) $8\dfrac{5}{6} - 5\dfrac{1}{6} =$

(17) $5\dfrac{6}{9} - 3\dfrac{2}{9} =$

(18) $6\dfrac{6}{8} - 2\dfrac{3}{8} =$

(19) $6\dfrac{4}{5} - 1\dfrac{3}{5} =$

(20) $4\dfrac{3}{7} - 2\dfrac{1}{7} =$

(21) $4\dfrac{5}{8} - 2\dfrac{6}{8} =$

(22) $3\dfrac{2}{5} - 1\dfrac{4}{5} =$

(23) $5\dfrac{4}{7} - 3\dfrac{5}{7} =$

(24) $6\dfrac{1}{6} - 2\dfrac{5}{6} =$

(25) $7\dfrac{7}{15} - 2\dfrac{13}{15} =$

(26) $5\dfrac{6}{11} - 2\dfrac{9}{11} =$

(27) $4\dfrac{11}{18} - 2\dfrac{15}{18} =$

(28) $9\dfrac{7}{14} - 2\dfrac{12}{14} =$

(29) $1\dfrac{4}{9} + 3\dfrac{1}{9} + 2\dfrac{2}{9} =$

(30) $2\dfrac{2}{5} + 4\dfrac{3}{5} + 1\dfrac{4}{5} =$

(31) $7\dfrac{4}{6} - 3\dfrac{3}{6} - \dfrac{5}{6} =$

(32) $6\dfrac{3}{8} - \dfrac{2}{8} - 3\dfrac{4}{8} =$

정답 및 지도서

자르는 선을 따라 잘라 보관하여, 채점할 때 사용하세요.

정답 및 지도서 G5

지도 방법

1. 받아올림이 없는 분수의 덧셈을 바탕으로 받아올림이 있는 분수의 계산을 학습하게 되므로 전 단계의 학습이 완전히 이루어졌는지 확인합니다.

2. 분수에서 받아올림의 의미를 충분히 이해시켜 계산 방법을 쉽게 습득하도록 지도합니다.

3. 분수의 덧셈을 완전히 숙지한 후, 다음 단계로 넘어갑니다.

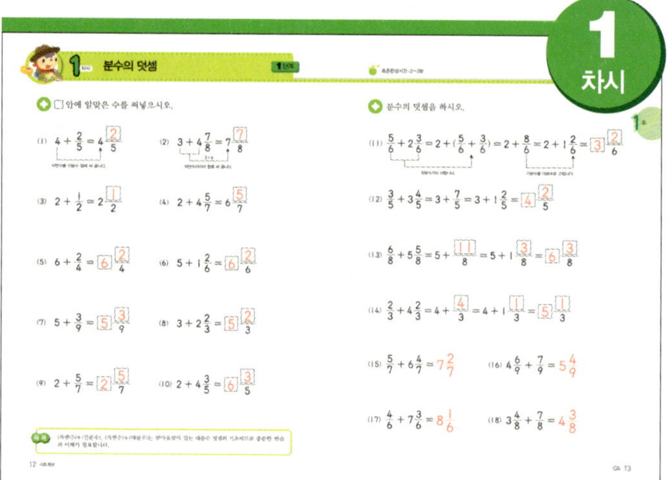

1차시

12~13쪽

(자연수)+(진분수), (자연수)+(대분수)는 받아올림이 있는 대분수끼리의 덧셈의 기초가 됩니다.

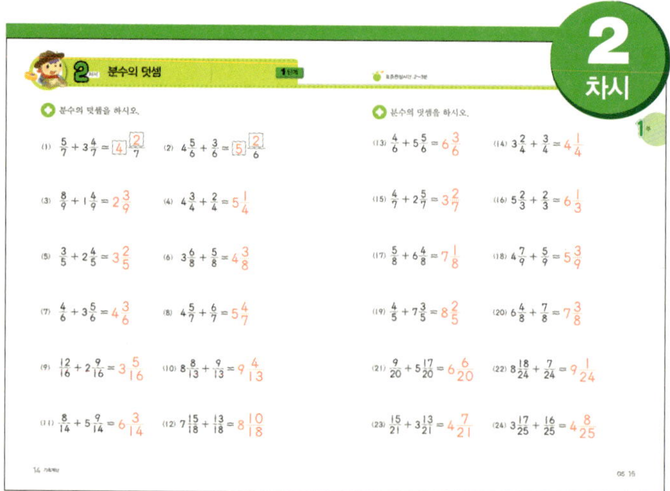

2차시

14~15쪽

받아올림이 있는 진분수와 대분수의 덧셈 원리를 이해하고 계산할 수 있습니다.

분모가 같은 대분수의 덧셈은 자연수는 자연수끼리 더하고, 진분수는 진분수끼리 더하여 계산합니다.

$$4\frac{7}{15}+1\frac{12}{15}$$
$$=(4+1)+\left(\frac{7}{15}+\frac{12}{15}\right)$$
$$=5+\frac{19}{15}$$
$$=5+1\frac{4}{15}$$
$$=6\frac{4}{15}$$

대분수의 덧셈에서 진분수끼리의 합이 가분수이면 대분수로 고쳐 자연수와 더합니다.

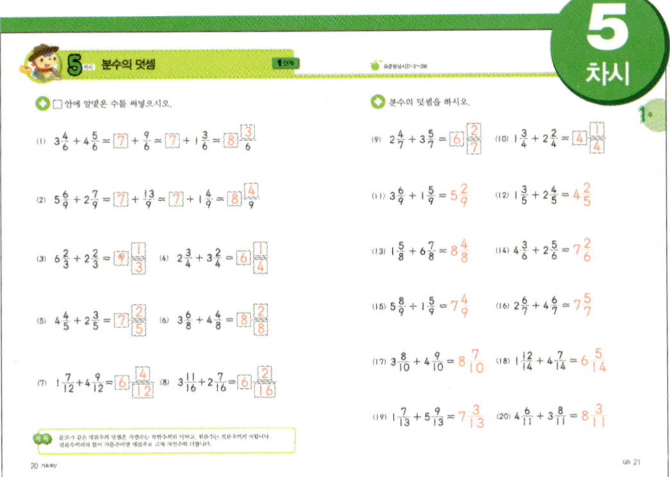

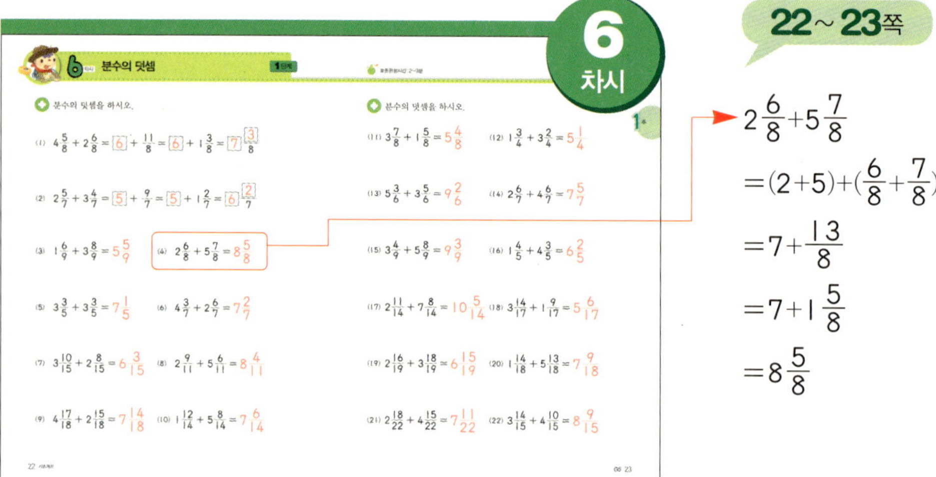

22~23쪽

$$2\frac{6}{8}+5\frac{7}{8}$$
$$=(2+5)+\left(\frac{6}{8}+\frac{7}{8}\right)$$
$$=7+\frac{13}{8}$$
$$=7+1\frac{5}{8}$$
$$=8\frac{5}{8}$$

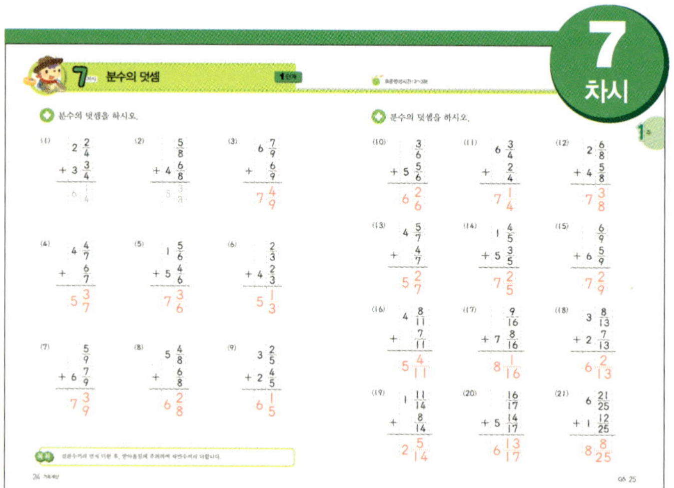

24~25쪽

진분수끼리 먼저 더한 후, 받아올림에 주의하여 자연수끼리 더합니다.

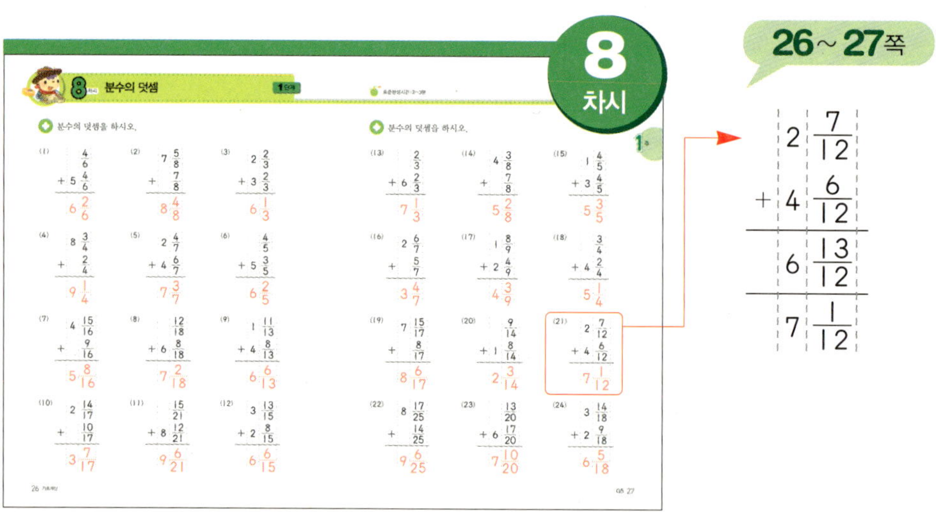

26~27쪽

$$2\frac{7}{12}$$
$$+\;4\frac{6}{12}$$
$$6\frac{13}{12}$$
$$7\frac{1}{12}$$

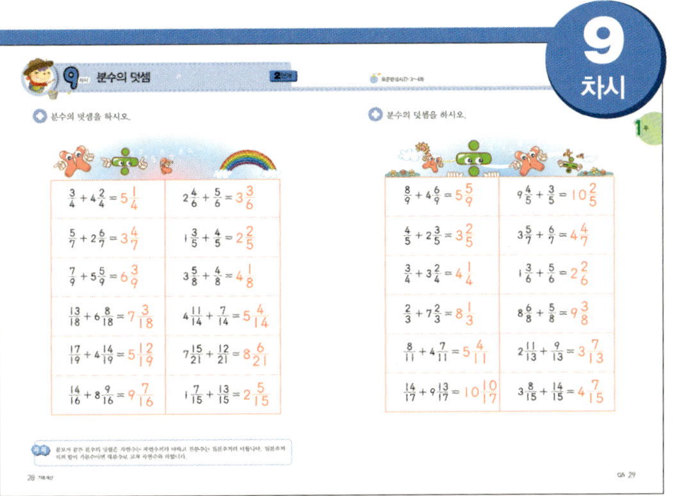

분수의 덧셈 방법을 다시 한번 정리하여 확실히 익혀 둡니다.

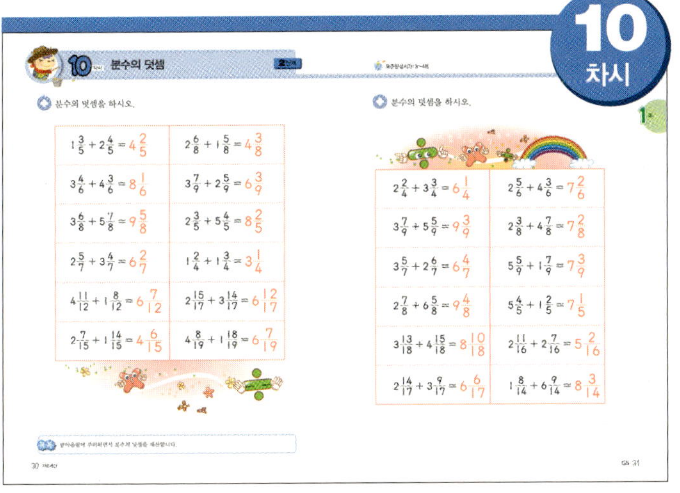

받아올림에 주의하면서 분수의 덧셈을 계산합니다.

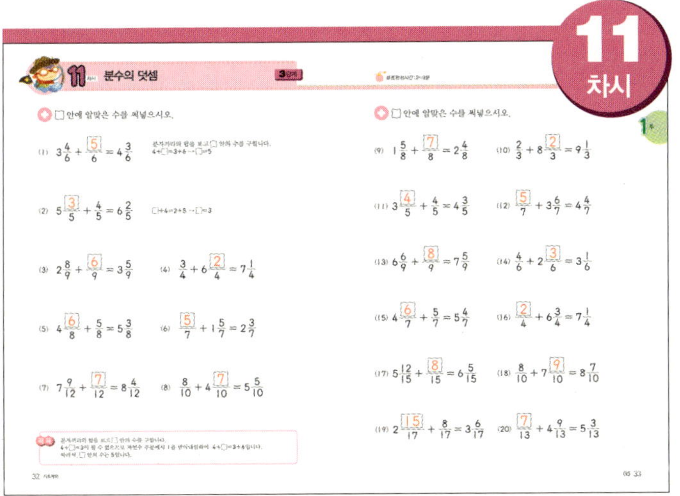

분자와 자연수를 살펴 □ 안의 수를 구합니다. □ 안에 구한 수를 넣어 답이 맞는지 확인해 봅니다.

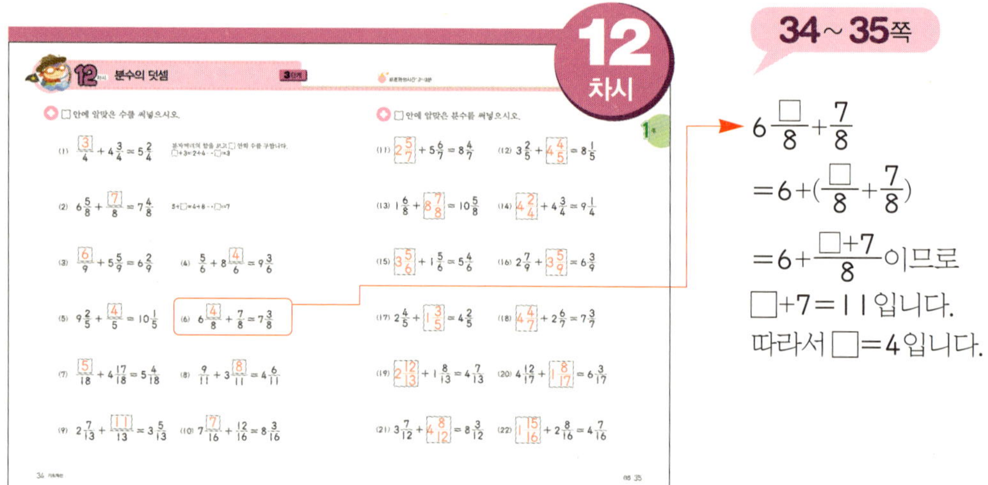

12 차시

$$6\frac{\square}{8}+\frac{7}{8}$$

$$=6+\left(\frac{\square}{8}+\frac{7}{8}\right)$$

$$=6+\frac{\square+7}{8}\ \text{이므로}$$

$\square+7=11$ 입니다.

따라서 $\square=4$ 입니다.

정답 및 지도서 G5

2주 분수의 뺄셈 1

지도 방법

① 분수의 뺄셈 원리를 분수의 덧셈 원리에 연관 지어 생각할 수 있도록 지도합니다.

② 반복적인 학습으로 받아내림이 있는 분수의 뺄셈 학습에 대비하도록 준비시킵니다.

③ 본 단계를 확실히 이해하고, 능숙하게 계산할 수 있을 때, 다음 단계로 이동합니다.

13 차시

40 ~ 41쪽

분모가 같은 진분수의 뺄셈은 분모는 그대로 쓰고 분자끼리 뺍니다.

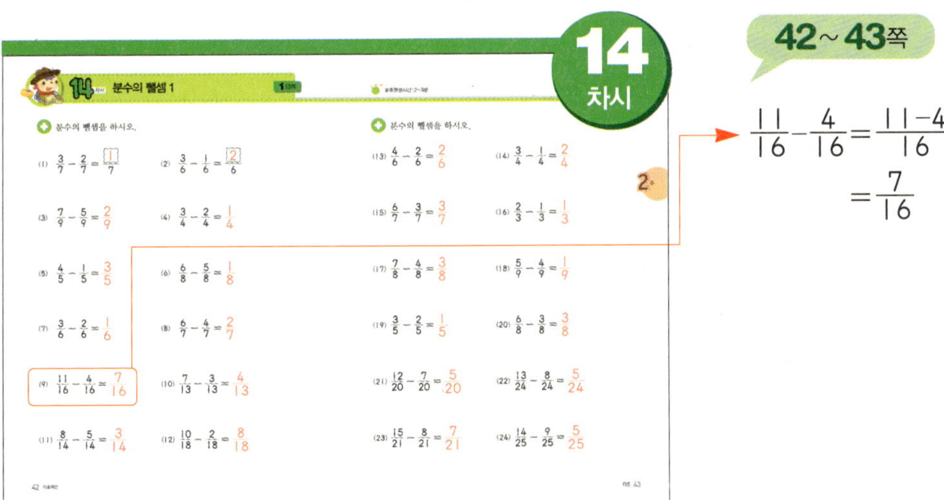

14 차시

42 ~ 43쪽

$$\frac{11}{16} - \frac{4}{16} = \frac{11-4}{16} = \frac{7}{16}$$

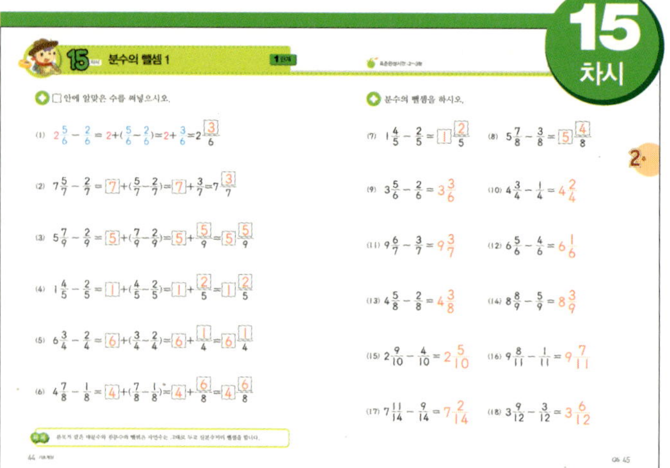

15 차시

44~45쪽

분모가 같은 대분수와 진분수의 뺄셈은 자연수는 그대로 두고 진분수끼리 뺄셈을 합니다.

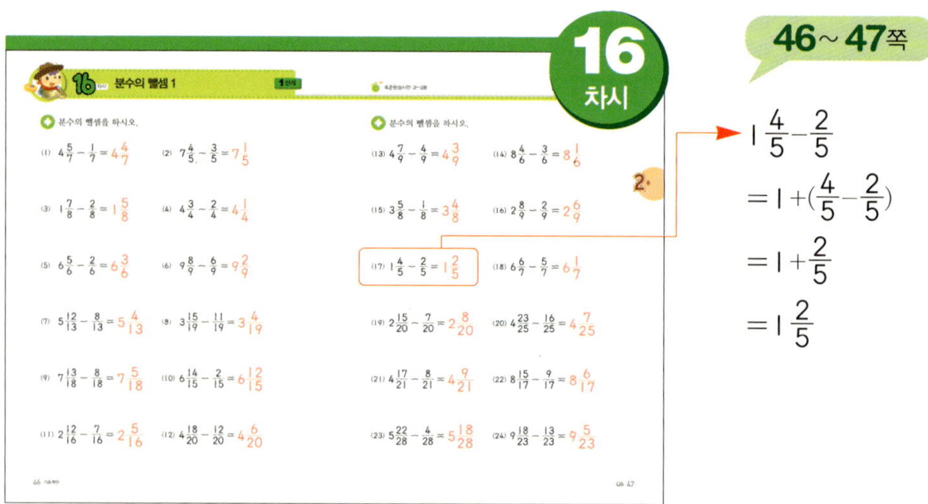

16 차시

46~47쪽

$$1\frac{4}{5} - \frac{2}{5}$$
$$= 1 + \left(\frac{4}{5} - \frac{2}{5}\right)$$
$$= 1 + \frac{2}{5}$$
$$= 1\frac{2}{5}$$

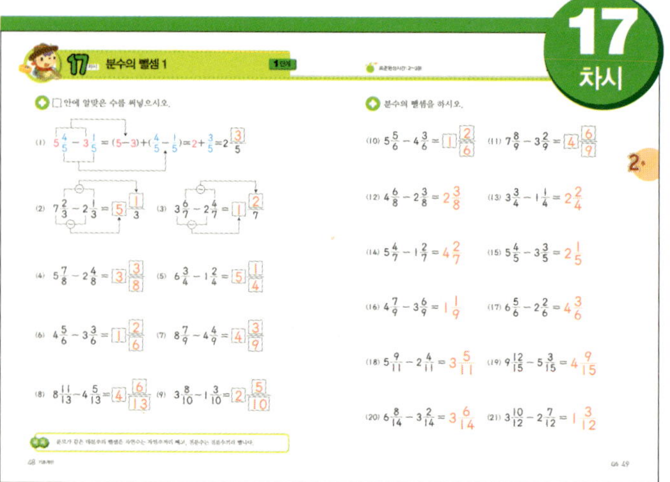

17 차시

48~49쪽

분모가 같은 대분수의 뺄셈은 자연수는 자연수끼리, 진분수는 진분수끼리 빼어 계산합니다.

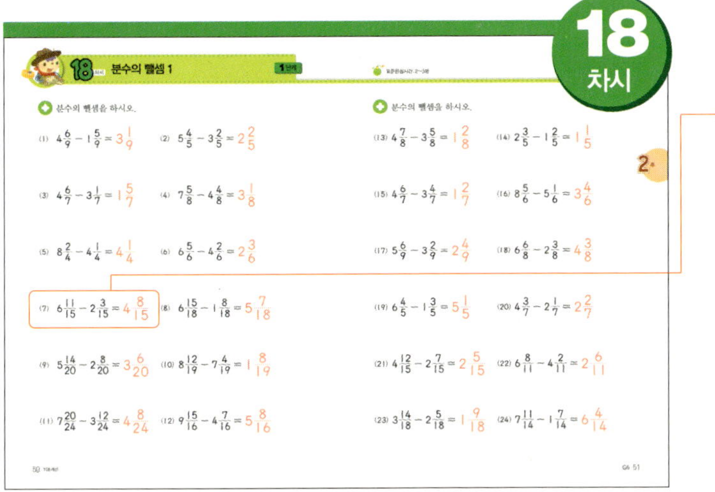

50~51쪽

$$6\frac{11}{15}-2\frac{3}{15}$$
$$=(6-2)+\left(\frac{11}{15}-\frac{3}{15}\right)$$
$$=4+\frac{8}{15}$$
$$=4\frac{8}{15}$$

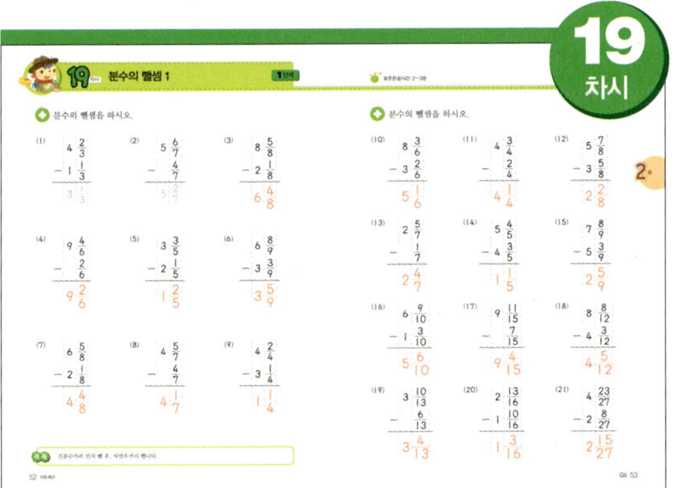

52~53쪽

진분수끼리 먼저 뺀 후 자연수끼리 뺍니다.

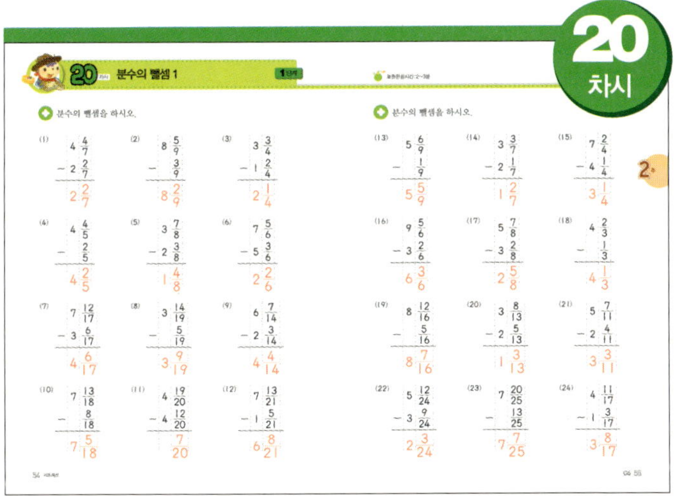

54~55쪽

진분수는 진분수끼리, 자연수는 자연수끼리 계산하여 자리를 맞추어 씁니다.

21
차시

계산을 하면서 분수의 뺄셈 방법을 다시 한번 정리하여 확실히 익힙니다.

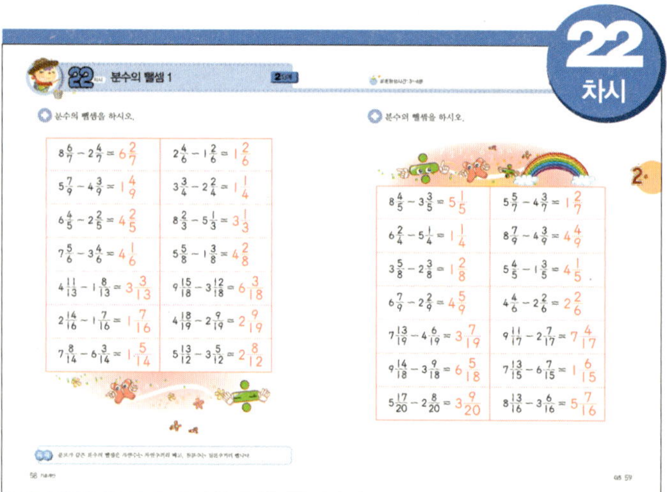

22
차시

앞에서 충분히 연습하였으므로 따로 식을 옮겨 쓰지 않고 바로 답을 구할 수 있도록 합니다.

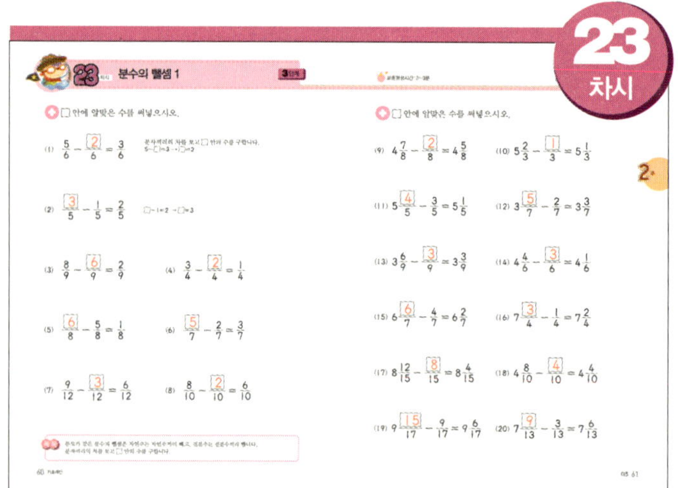

23
차시

분자끼리의 차를 보고 □ 안에 알맞은 수를 구합니다.

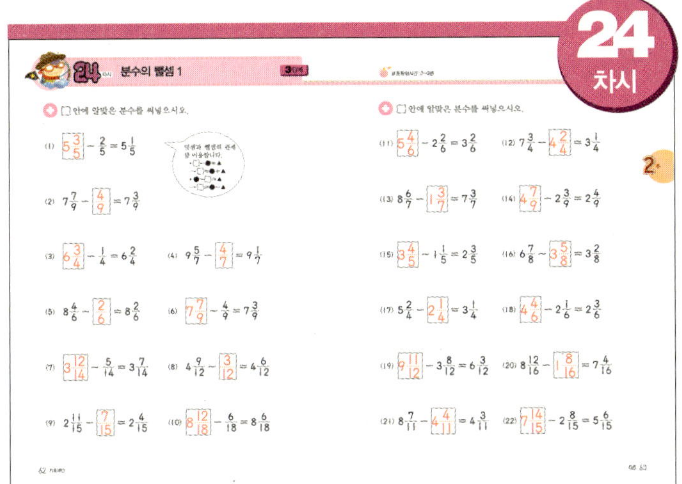

62~63쪽

- $\square - \bullet = \blacktriangle \rightarrow \square = \bullet + \blacktriangle$
- $\bullet - \square = \blacktriangle \rightarrow \square = \bullet - \blacktriangle$

분수의 덧셈 또는 뺄셈을 계산하여
□ 안에 알맞은 분수를 구합니다.

3주 분수의 뺄셈 2

지도 방법

① 받아내림이 없는 분수의 뺄셈 학습이 완전히 이루어진 후에 본 단계에 들어가도록 합니다.

② 계산 원리를 그림이나 구체물을 통해 인지시킨 후 계산 방법을 전달합니다.

③ 능숙하고 정확한 계산이 이루어짐과 동시에 계산 원리를 충분히 표현할 수 있을 때, 다음 단계로 이동합니다.

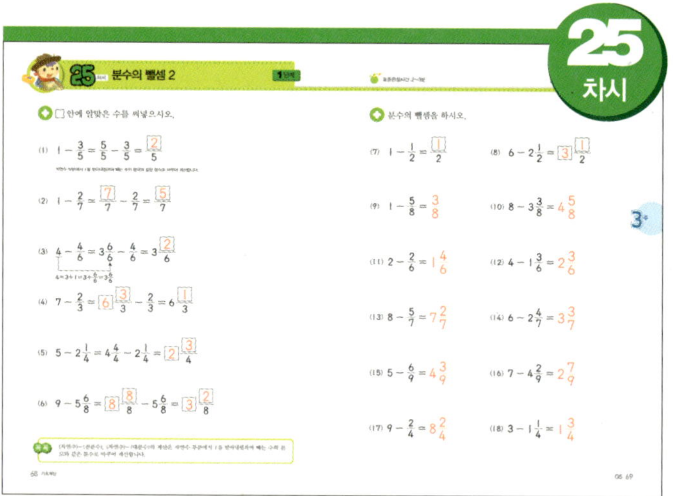

68~69쪽

(자연수)−(진분수), (자연수)−(대분수)의 계산은 자연수 부분에서 1을 분수로 고쳐서 계산합니다.

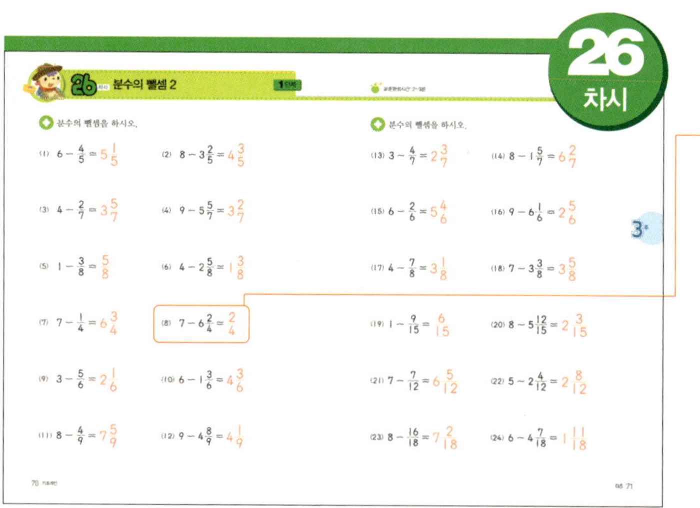

70~71쪽

$$7-6\frac{2}{4}=6\frac{4}{4}-6\frac{2}{4}$$

$$=(6-6)+\left(\frac{4}{4}-\frac{2}{4}\right)$$

$$=\frac{2}{4}$$

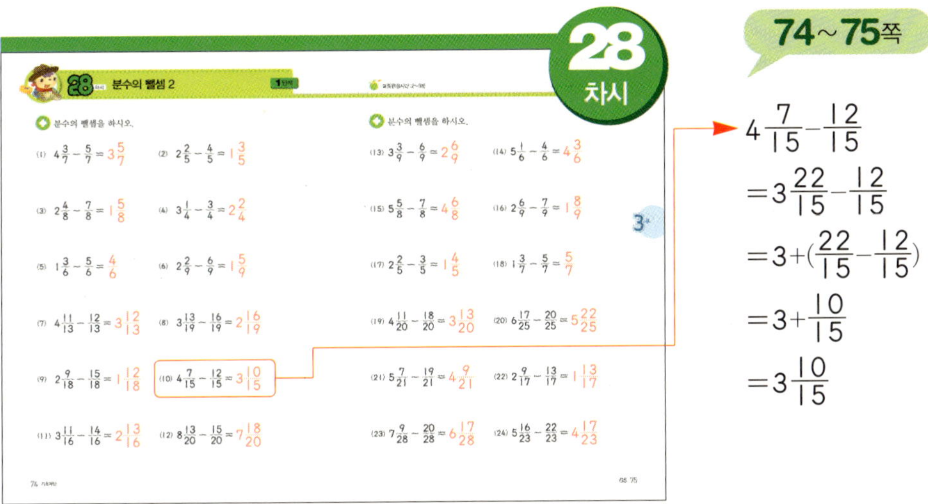

진분수끼리 뺄 수 없을 때에는 대분수의 자연수 부분에서 1을 받아내림하여 분수로 바꾸어 계산합니다.

$$4\frac{7}{15}-1\frac{2}{15}$$
$$=3\frac{22}{15}-1\frac{2}{15}$$
$$=3+\left(\frac{22}{15}-\frac{12}{15}\right)$$
$$=3+\frac{10}{15}$$
$$=3\frac{10}{15}$$

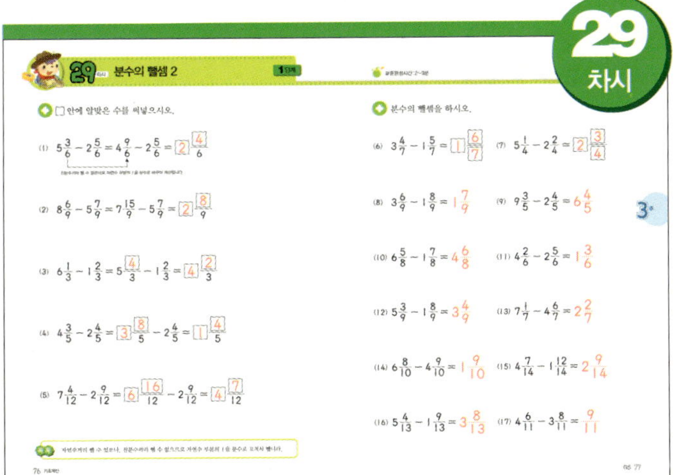

진분수끼리 뺄 수 없으므로 자연수 부분의 1을 분수로 고쳐 계산합니다.

정답 및 지도서 G5

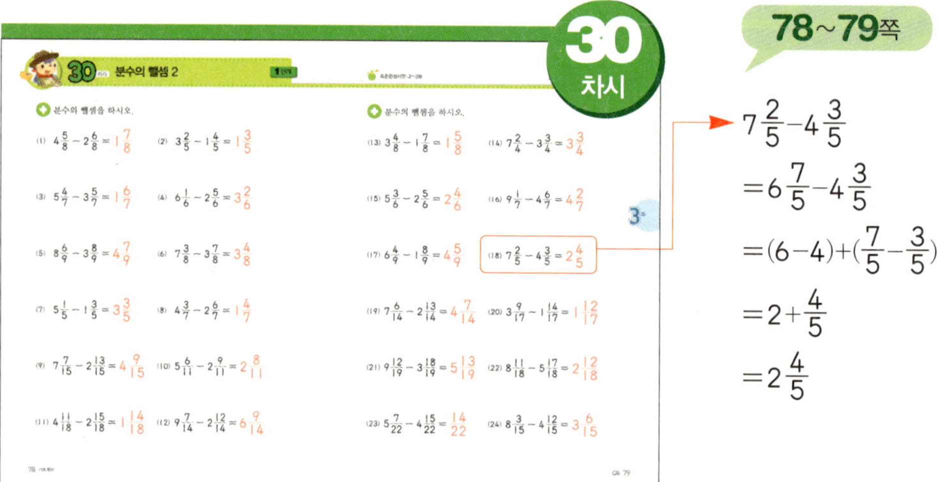

30 차시 — 분수의 뺄셈 2

$$7\dfrac{2}{5}-4\dfrac{3}{5}$$
$$=6\dfrac{7}{5}-4\dfrac{3}{5}$$
$$=(6-4)+\left(\dfrac{7}{5}-\dfrac{3}{5}\right)$$
$$=2+\dfrac{4}{5}$$
$$=2\dfrac{4}{5}$$

31 차시 — 분수의 뺄셈 2

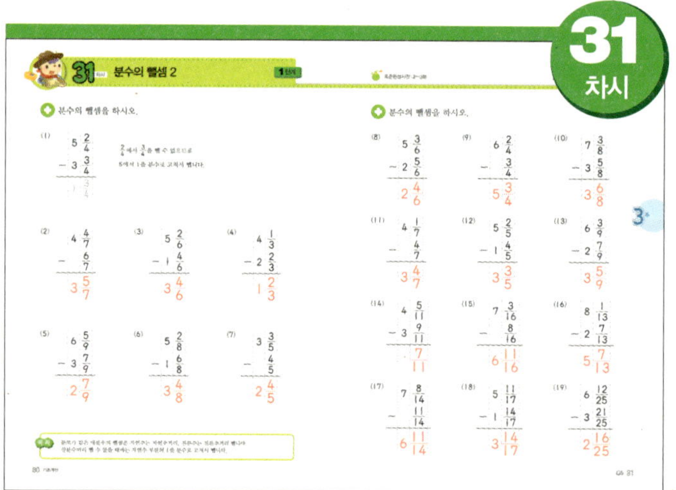

진분수끼리 뺄 수 없을 때에는 자연수 부분에서 1을 분수로 고쳐 계산합니다. 진분수끼리, 자연수끼리 줄을 맞추어 계산합니다.

32 차시 — 분수의 뺄셈 2

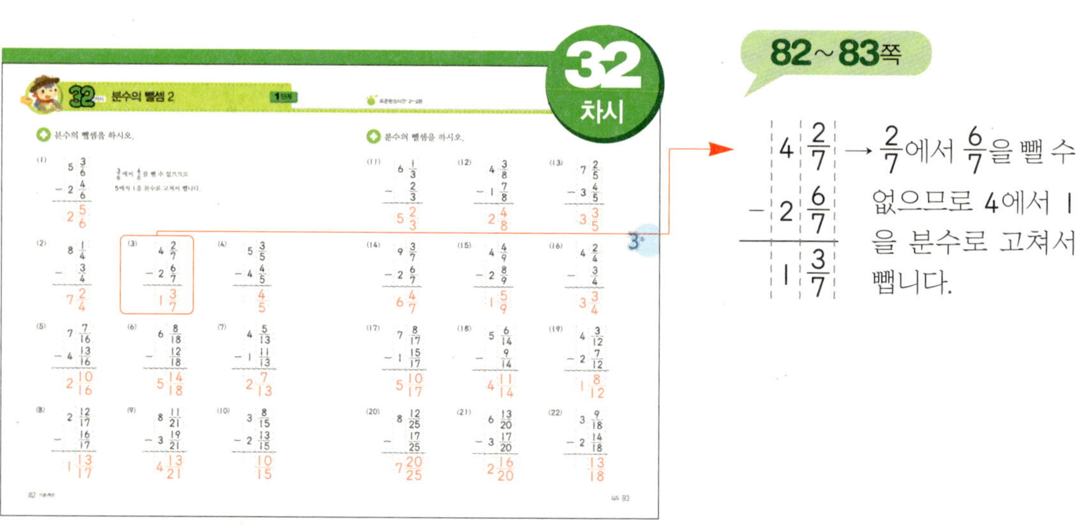

$$4\dfrac{2}{7}\;\to\;\dfrac{2}{7}\text{에서 }\dfrac{6}{7}\text{을 뺄 수}$$
없으므로 4에서 1을 분수로 고쳐서 뺍니다.
$$-\,2\dfrac{6}{7}$$
$$1\dfrac{3}{7}$$

가로줄의 수에서 세로줄의 수를 뺀 값을 빈칸에 씁니다.

$$2\frac{2}{8}-\frac{4}{8}$$
$$=1\frac{10}{8}-\frac{4}{8}$$
$$=1+\left(\frac{10}{8}-\frac{4}{8}\right)$$
$$=1+\frac{6}{8}$$
$$=1\frac{6}{8}$$

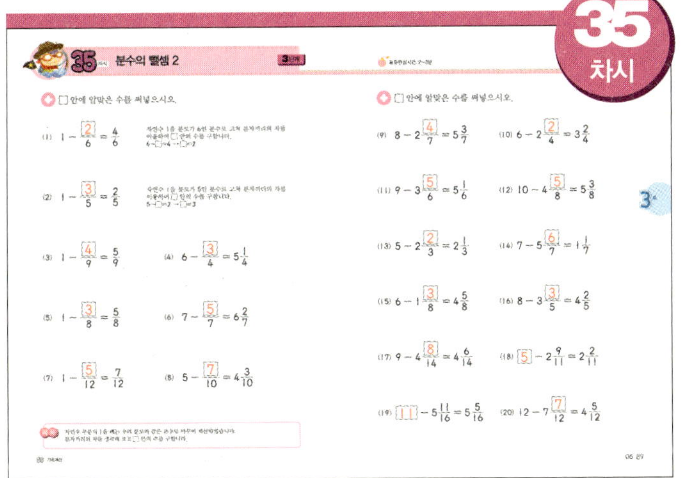

자연수 부분에서 1을 분수로 고쳐서 계산합니다.

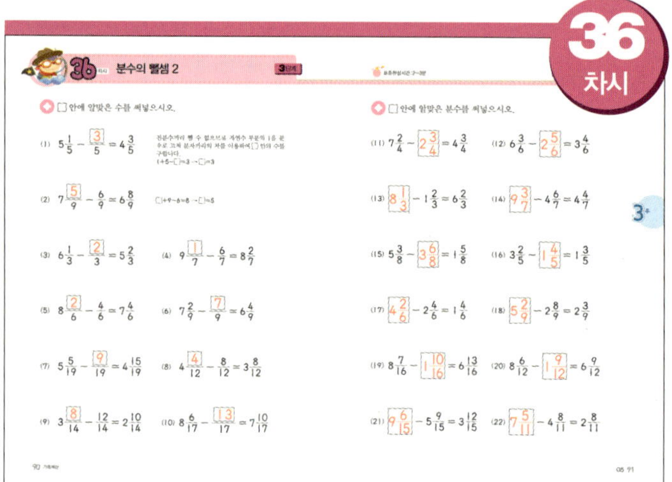

덧셈과 뺄셈의 관계를 이용하여 식을 알맞게 고치면 □를 구할 수 있습니다.

4주 — 세 분수의 덧셈과 뺄셈

지도 방법

1. 지금까지 배운 분수의 덧셈과 뺄셈이 본 단계의 준비 학습이므로 간단한 테스트를 통해 학생의 성취 수준을 파악해 봅니다. (성취 수준이 미흡한 경우, 앞 단계를 반복 학습합니다.)
2. 다양한 계산 방법을 제시하고 선택하여 풀 수 있게 지도하고, 더 나은 계산 방법을 찾아보도록 유도합니다.

---

37 차시

96~97쪽

분모가 같은 세 분수의 덧셈은 세 분수를 한꺼번에 더하거나 두 분수씩 차례로 더합니다.

---

38 차시

98~99쪽

세 분수의 덧셈은 더하는 순서에 관계없이 계산 결과가 같습니다.

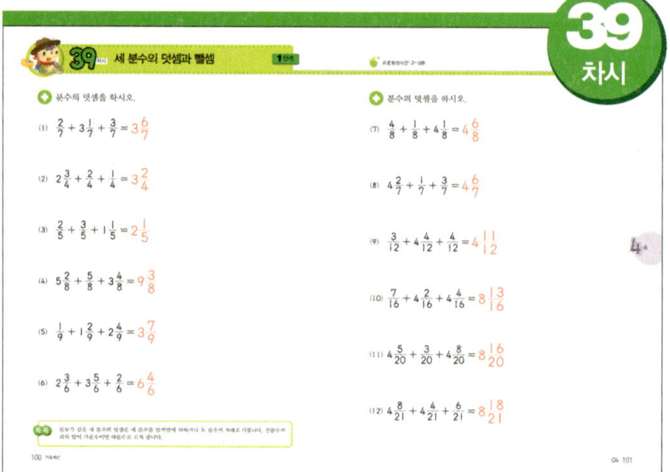

100~101쪽

분모가 같은 세 분수의 덧셈은 세 분수를 한꺼번에 더하거나 두 분수씩 차례로 더합니다.

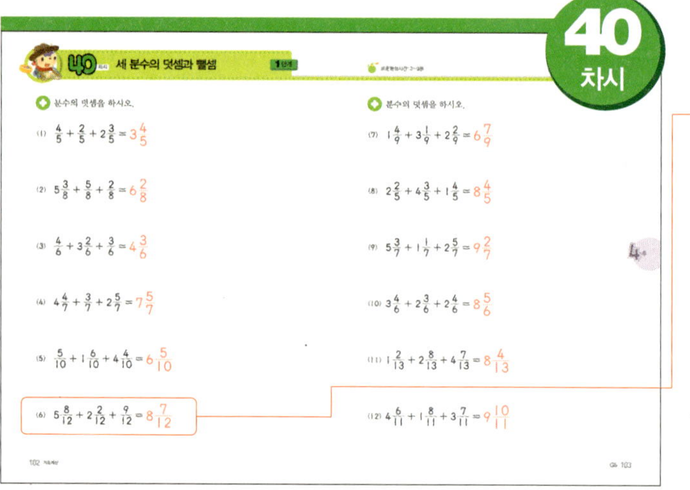

102~103쪽

$$5\frac{8}{12}+2\frac{2}{12}+\frac{9}{12}$$
$$=(5+2)+\left(\frac{8}{12}+\frac{2}{12}+\frac{9}{12}\right)$$
$$=7+\frac{19}{12}=7+1\frac{7}{12}$$
$$=8\frac{7}{12}$$

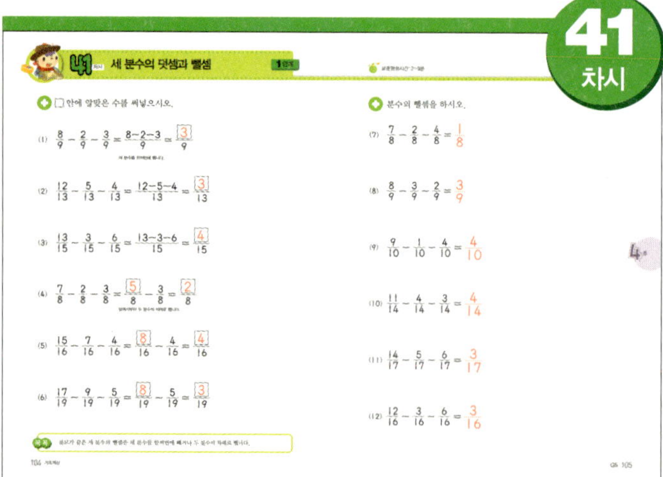

104~105쪽

분모가 같은 세 진분수의 뺄셈은 세 분수를 한꺼번에 계산하거나 앞에서부터 두 분수씩 차례로 계산합니다.

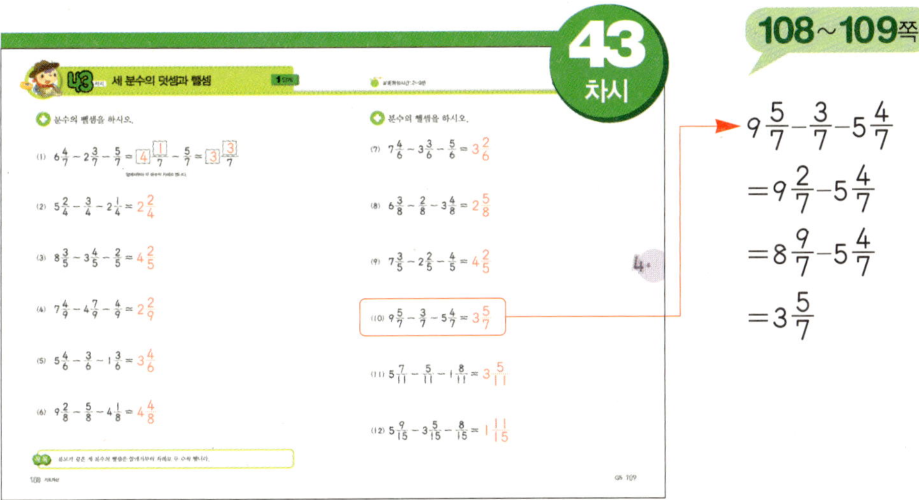

앞에서부터 두 분수씩 차례로 계산
하거나 세 분수를 한꺼번에 계산합
니다.

$$9\frac{5}{7}-\frac{3}{7}-5\frac{4}{7}$$
$$=9\frac{2}{7}-5\frac{4}{7}$$
$$=8\frac{9}{7}-5\frac{4}{7}$$
$$=3\frac{5}{7}$$

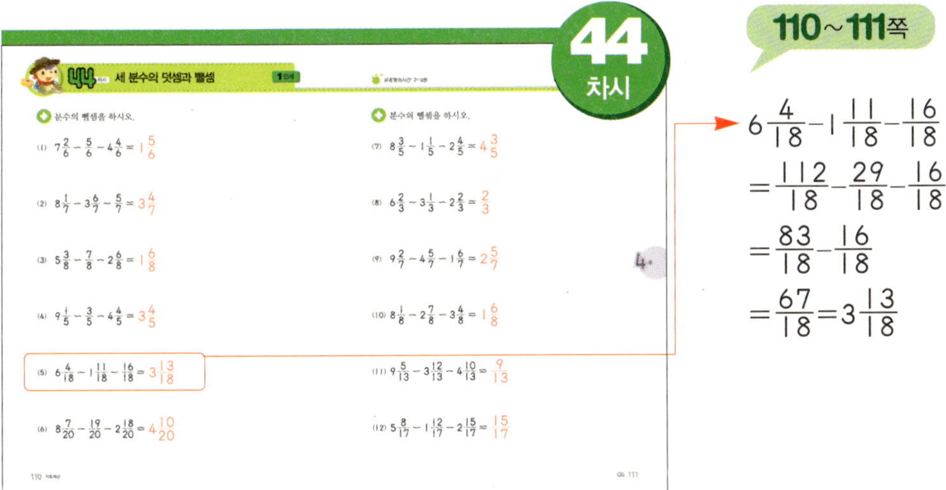

$$6\frac{4}{18}-1\frac{11}{18}-\frac{16}{18}$$
$$=\frac{112}{18}-\frac{29}{18}-\frac{16}{18}$$
$$=\frac{83}{18}-\frac{16}{18}$$
$$=\frac{67}{18}=3\frac{13}{18}$$

112~113쪽

분수의 덧셈을 하여 빈칸에 알맞게 써넣습니다. 지금까지 충분한 연습을 하였으므로 식을 옮겨쓰지 않고 계산하도록 합니다.

114~115쪽

위에서부터 차례로 두 수씩 계산합니다. 머릿속으로 계산하여 답을 바로 쓸 수 있도록 노력합니다.

116~117쪽

분수의 덧셈과 뺄셈을 충분히 연습하여 자신감을 갖도록 합니다.

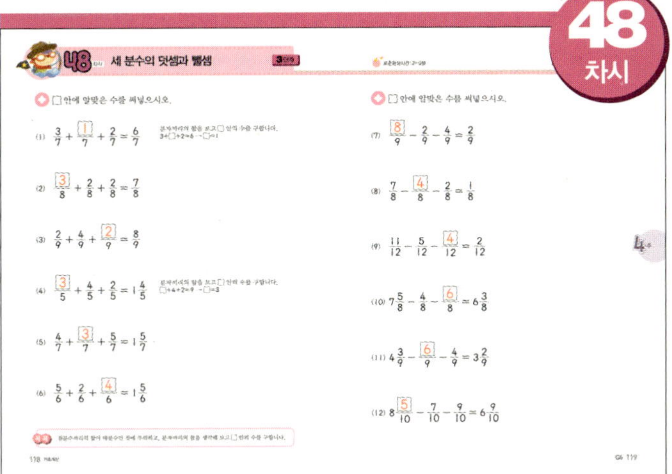

48차시 세 분수의 덧셈과 뺄셈 3단계

□ 안에 알맞은 수를 써넣으시오.

(1) $\dfrac{3}{7} + \dfrac{\boxed{1}}{7} + \dfrac{2}{7} = \dfrac{6}{7}$ 분자끼리의 합을 보고 □ 안의 수를 구합니다.
$3+\square+2=6 \rightarrow \square=1$

(2) $\dfrac{\boxed{3}}{8} + \dfrac{2}{8} + \dfrac{2}{8} = \dfrac{7}{8}$

(3) $\dfrac{2}{9} + \dfrac{4}{9} + \dfrac{\boxed{2}}{9} = \dfrac{8}{9}$

(4) $\dfrac{\boxed{3}}{5} + \dfrac{4}{5} + \dfrac{2}{5} = 1\dfrac{4}{5}$ 분자끼리의 합을 보고 □ 안의 수를 구합니다.
$\square+4+2=9 \rightarrow \square=3$

(5) $\dfrac{4}{7} + \dfrac{\boxed{3}}{7} + \dfrac{5}{7} = 1\dfrac{5}{7}$

(6) $\dfrac{5}{6} + \dfrac{2}{6} + \dfrac{\boxed{4}}{6} = 1\dfrac{5}{6}$

□ 안에 알맞은 수를 써넣으시오.

(7) $\dfrac{\boxed{8}}{9} - \dfrac{2}{9} - \dfrac{4}{9} = \dfrac{2}{9}$

(8) $\dfrac{7}{8} - \dfrac{\boxed{4}}{8} - \dfrac{2}{8} = \dfrac{1}{8}$

(9) $\dfrac{11}{12} - \dfrac{5}{12} - \dfrac{\boxed{4}}{12} = \dfrac{2}{12}$

(10) $7\dfrac{5}{8} - \dfrac{4}{8} - \dfrac{\boxed{6}}{8} = 6\dfrac{3}{8}$

(11) $4\dfrac{3}{9} - \dfrac{\boxed{6}}{9} - \dfrac{4}{9} = 3\dfrac{2}{9}$

(12) $8\dfrac{\boxed{5}}{10} - \dfrac{7}{10} - \dfrac{9}{10} = 6\dfrac{9}{10}$

진분수끼리의 합이 대분수인 것에 주의하고, 분자끼리의 합을 생각해 보고 □ 안의 수를 구합니다.

- 진분수끼리의 합이 대분수인 것에 주의하고, 분자끼리의 합을 생각하여 □를 구합니다.
- 대분수의 받아내림에 주의하고 분자끼리의 차를 생각하여 □를 구합니다.

종합 평가 G5

분수의 덧셈과 뺄셈을 충분히 연습하여 자신감을 갖도록 합니다. 머릿속으로 계산하여 답을 바로 쓸 수 있도록 노력합니다.

종합 평가 G5

◆ 계산을 하시오.

(1) $2\frac{4}{7} + 3\frac{5}{7} = 6\frac{2}{7}$　　(2) $1\frac{3}{4} + 2\frac{2}{4} = 4\frac{1}{4}$

(3) $3\frac{6}{9} + 1\frac{5}{9} = 5\frac{2}{9}$　　(4) $1\frac{3}{5} + 2\frac{4}{5} = 4\frac{2}{5}$

(5) $1\frac{5}{8} + 6\frac{7}{8} = 8\frac{4}{8}$　　(6) $4\frac{3}{6} + 2\frac{5}{6} = 7\frac{2}{6}$

(7) $5\frac{8}{9} + 1\frac{5}{9} = 7\frac{4}{9}$　　(8) $2\frac{6}{7} + 4\frac{6}{7} = 7\frac{5}{7}$

(9) $3\frac{8}{10} + 4\frac{9}{10} = 8\frac{7}{10}$　　(10) $1\frac{12}{14} + 4\frac{7}{14} = 6\frac{5}{14}$

(11) $1\frac{7}{13} + 5\frac{9}{13} = 7\frac{3}{13}$　　(12) $4\frac{6}{11} + 3\frac{8}{11} = 8\frac{3}{11}$

(13) $4\frac{7}{8} - 3\frac{5}{8} = 1\frac{2}{8}$　　(14) $2\frac{3}{5} - 1\frac{2}{5} = 1\frac{1}{5}$

(15) $4\frac{6}{7} - 3\frac{4}{7} = 1\frac{2}{7}$　　(16) $8\frac{5}{6} - 5\frac{1}{6} = 3\frac{4}{6}$

(17) $5\frac{6}{9} - 3\frac{2}{9} = 2\frac{4}{9}$　　(18) $6\frac{6}{8} - 2\frac{3}{8} = 4\frac{3}{8}$

(19) $6\frac{4}{5} - 1\frac{3}{5} = 5\frac{1}{5}$　　(20) $4\frac{3}{7} - 2\frac{1}{7} = 2\frac{2}{7}$

(21) $4\frac{5}{8} - 2\frac{6}{8} = 1\frac{7}{8}$　　(22) $3\frac{2}{5} - 1\frac{4}{5} = 1\frac{3}{5}$

(23) $5\frac{4}{7} - 3\frac{5}{7} = 1\frac{6}{7}$　　(24) $6\frac{1}{6} - 2\frac{5}{6} = 3\frac{2}{6}$

종합 평가 G5

(25) $7\frac{7}{15} - 2\frac{13}{15} = 4\frac{9}{15}$　　(26) $5\frac{6}{11} - 2\frac{9}{11} = 2\frac{8}{11}$

(27) $4\frac{11}{18} - 2\frac{15}{18} = 1\frac{14}{18}$　　(28) $9\frac{7}{14} - 2\frac{12}{14} = 6\frac{9}{14}$

(29) $1\frac{4}{9} + 3\frac{1}{9} + 2\frac{2}{9} = 6\frac{7}{9}$

(30) $2\frac{2}{5} + 4\frac{3}{5} + 1\frac{4}{5} = 8\frac{4}{5}$

(31) $7\frac{4}{6} - 3\frac{3}{6} - \frac{5}{6} = 3\frac{2}{6}$

(32) $6\frac{3}{8} - \frac{2}{8} - 3\frac{4}{8} = 2\frac{5}{8}$